中野剛志

# 日本の没落

GS 幻冬舎新書

501

# 日本の没落／目次

# はじめに――百年後の『西洋の没落』

思想家とは、自分の直観と理解とによって、時代を象徴的に示すように定められた人のことをいう。
――『西洋の没落』(一九二二年版) 序

二〇一八年。

それは、ドイツの哲学者オズヴァルト・シュペングラーの『西洋の没落』(第一巻) が世に現れてから、ちょうど百年目にあたる年である。

もちろん、何年目かどうかということについて、特に意味があるはずもない。にもかかわらず、我々が、百という区切りのいい数字に何らかの象徴的な意味を感じてしまうのは、数字のもつ不思議な作用である。その作用には、例えば、普段は目もくれないような分厚い古典であっても、敢えて繙《ひもと》いてみようという気にさせるといった効果がある。

とりわけ『西洋の没落』という書は、よほどの動機がない限り、最後まで読み通そうとは思わないような威圧感のある代物である。その邦訳書は、上下二段組で約四百頁の二巻本という大著である。そこに、古今東西の文化・文明に関する多種多様、かつ膨大な知識が偏執的なまでに詰め込まれている。その知識の範囲は、政治、経済、哲学のみならず、数学、絵画、音楽、建築にまで及ぶ。しかも、それらの膨大な知識が、シュペングラーという異形の個性によって、他に類を見ない壮大な一つの歴史観の下に編み上げられているのである。まさに、一大奇書と言ってよい。

このような近寄りがたい大著に興味をそそられたのには、百年目という区切りに加えて、もう一つ、理由がある。というのも、『西洋の没落』の冒頭に、次のような恐るべきことが記されているからである。

歴史を前もって定めようという試みのなされたのは、本書がはじめてである。それはこの地球の上に今日完成されようとしている一つの、いやただ一つの文化、すなわち西ヨーロッパ・アメリカ文化の運命を、今後踏んで行くべき道程のなかに追求しようとするのである。[*1]

歴史を前もって定めようという試み！

そう、『西洋の没落』とは、歴史書というよりは、予言書なのである。そして、西ヨーロッパ・アメリカ文化の運命が今後踏んで行くべき道程とは、書名に明らかな通り、「没落」である。西洋の没落が予言されたのだ。

西洋文化に限らず、文化というものは、いずれ「没落」する運命にある。これが、『西洋の没落』で示されたシュペングラーの歴史観であった。

一つの高度文化というものには栄枯盛衰のパターンがある。それは幼年期―青年期―壮年期―老年期という人の一生になぞらえられる。あるいは、季節が移ろうように、春―夏―秋―冬という経過を辿るものとされる。すなわち、勃興（春）―成長（夏）―成熟（秋）―衰退（冬）である。

そして、西洋文化は、シュペングラーの説によれば、知性に関しては二十世紀初頭から冬の末期に入っており、音楽・絵画・建築や政治に関しては、二十一世紀頃に終末期を迎えることとなっている。[*2] つまり、我々は、西洋の没落のほぼ最末期に生きていることになるのである。

しかしながら、いったい、歴史を前もって定めるなどという不遜なことが、果たして可能なのであろうか。文化は、有機体のように、あるいは四季のように、勃興―成長―成熟―衰退というパターンを辿るなどということが、本当にあり得るのだろうか。そして、その運命というものは、どうしても避け得ないものなのであろうか。そのような運命論は、人間の自由を否定するものではないのか。

疑問は尽きないであろう。批判はいくらでもできるだろう。実際、『西洋の没落』は、発刊当初から大論争を巻き起こし、今日に至るまで批判は絶えない。

しかし、シュペングラーの説の真偽についてあれこれと学術的論議を繰り広げるよりも、まずは、彼が実際に描いてみせた没落の姿を、我々が生きる現在の世界の様相と比較した方が、手っ取り早いかもしれない。要するに、シュペングラーの予言がどれだけ的中していたのか、具体的に検証するということである。また、それができるのが、『西洋の没落』の百年後を生きる我々の特権である。

以下の議論では、『西洋の没落』を読解し、解釈しつつ、その記述を現代世界の様相と照合する作業を行っていく。『西洋の没落』からの引用がどうしても多くなるが、それは、本書の性格上、必要なものである。

その作業の結果は、どうであったか。結論を急げば、今日の世界が直面する重大な現象、具体的には、経済成長の鈍化、グローバリゼーション、地方の衰退、少子化、ポピュリズム、リベラリズムの失効、環境破壊、機械による人間の支配、非西洋諸国の台頭、金融の支配などであるが、これらはすべてシュペングラーによって予言されていたのである。

しかも、これらの予言された現象は、言うまでもなく、今日の日本においても生じている。ゆえにかの明治維新以降、日本は西洋を範として文明化の道を歩んできたが、その西洋文明化が皮肉にも功を奏したのか、現代日本は西洋とともに没落の運命を辿っているかのようである。ちなみに、我々日本人は、『西洋の没落』を我々自身の問題として捉えなければならない。

『西洋の没落』から百年目の二〇一八年は、明治維新からちょうど百五十年目にあたる年でもある。

このシュペングラーの恐るべき予言は、いかにして可能となったのか。これから、その秘密が解き明かされていくであろう。そのような試みがなされたのは、おそらく本書が初めてである。

＊1―O・シュペングラー『西洋の没落――世界史の形態学の素描［第一巻］形態と現実と』（以下、シュペングラーI）五月書房、一九八九年、一四頁。

＊2―シュペングラーI（1989: pp.57-65）

# 第一章　経済成長の終焉

## 『西洋の没落』とは

まず、『西洋の没落』とはどのような書であるのかについて、ごく一般的な解説を記しておこう。

『西洋の没落』（第一巻）が出版されたのは、第一次世界大戦の末期にあたる一九一八年四月であり、その約半年後に、大戦はドイツの敗北によって終結する。

そのセンセーショナルな表題が世界大戦という時宜を得たということもあろうが、『西洋の没落』は、たちまち数十版を重ねる大ベストセラーとなり、一大社会現象を引き起こした。『西洋の没落』が示す滅びの運命という歴史観は、とりわけ、敗戦によって打ちひしがれていたドイツ人の心情には強く訴えかけるものがあったと思われる。

もっとも、シュペングラーによれば、『西洋の没落』は一九一四年の大戦勃発時には、すでに最初の草稿としてできあがっていたのであり、また表題は一九一二年には確定していたという。しかも、彼は大戦勃発当時、ドイツの勝利を予想していた。[*1]

　ということは、シュペングラー自身は、第一次世界大戦の勃発に影響されてではなく、それ以前に『西洋の没落』の着想を得ていたということになる。おそらく第一次世界大戦の勃発とその後の経過の中で、シュペングラーは自らの歴史観に強い確信を抱いていったことであろう。シュペングラーは、一九三六年、すなわち第二次世界大戦が始まる三年前に、二度目の世界大戦を予言しつつ、この世を去っている。

　この『西洋の没落』の中で、シュペングラーは、当時の西洋において一般的に共有されていた歴史観を真っ向から否定した。それは、「ギリシャ・ローマ―中世―近代」という図式、すなわち単線的に進歩するという歴史観である。この単線的な進歩史観は、通俗的な歴史観として、現在もなお強い影響力をもっている。

　シュペングラーは、この「ギリシャ・ローマ―中世―近代」という単線的な進歩史観を根本から否定してみせたのである。それは、第一次世界大戦という、進歩とは逆の終末的な現象を目の当たりにしていた当時の西洋の人々には、強烈な衝撃を与えるものであっただろう。

　歴史を単線的で連続的な進歩とみる歴史観に代えてシュペングラーが提示したのは、すでに述べたように春夏秋冬になぞらえられる循環的な栄枯盛衰の歴史観であった。

ここで重要なのは、シュペングラーが「文化」と「文明」とを明確に使い分けていることである。それは、その有機体的な歴史観と密接不可分な、彼独自の用語法であった。すなわち、一つの「文化」が誕生し、成長した後に、成熟し、固結化する段階に入ると「文明」となる。秋から冬へ、壮年から老年へ向かう「文化」が「文明」である。要するに、文化が没落に向かっている状態が「文明」なのである。したがって、「西洋の没落とは文明の問題にほかならないのである[2]」。

西洋において、この「文化」から「文明」への推移が完成したのは、十九世紀であるとシュペングラーは診断している[3]。十九世紀が、西洋が成熟し、没落へと向かう転機なのであり。それから二百年を経て、現在に至っているというわけである。

シュペングラーは、進歩史観と同時に、西洋中心の歴史観をも否定した。「ギリシャ・ローマ—中世—近代」という西洋中心の歴史観では、西洋文化以外の固有の形式を有する文化、例えばインド文化、バビュロン文化、中国文化、エジプト文化、アラビヤ文化、メキシコ文化が抜け落ちてしまうというのである。

シュペングラーは、ある種の文化相対主義的な歴史観を主張しているのである（ここで「ある種の」と留保を付したのは、シュペングラーの歴史観を文化相対主義と言えるかどうかについて議論する必要があるからである。この論点は、本書第八章において検討される）。こうした西洋を相対化する文化観・歴史観は、考古学や人類学が発達した現代ではさほど珍しい見解ではないであろうが、当時としては、画期的なものであった。シュペングラーのそれは、現代の相対主義的な歴史観の先駆けとも言える。

シュペングラー自ら、この西洋中心の歴史観からの転回を「コペルニクス的」と称している。地動説が地球を宇宙の中心の座から引きずり下ろしたように、西洋はもはや世界の中心ではなくなったというのである。

> 今日の西ヨーロッパ人に常識となっている図式においては、高度の諸文化が、あらゆる世界事象のいわゆる中心であるところのわれわれの周りを回っている。自分はこういう図式を、歴史のプトレマイオス的体系と名づけ、そのかわりに本書に現われている体系を、歴史の領域におけるコペルニクス的発見とみなす。この体系においてはギリシャ・ローマと西洋とは、インド、バビュロン、中国、エジプト、アラビヤ文化およびメキシコ文化――これらは個々の「成ること」の世界であって、歴史の全体像においては、ギリシャ・ローマと同じように重要であり、その精神的創造の偉大さと上昇力との点については、それよりはるかに優れている――と相ならんで、決してえこひいきの扱いを受けないのである。[*4]

さらにシュペングラーは、ギリシャ・ローマ文化を西洋文化の起源とし、古代と中世及び近代を連続体とみなす歴史観をも拒絶した。ギリシャ・ローマ文化と西洋文化とは連続するものではなく、まったくもって別物だというのである。

シュペングラーによれば、ギリシャ・ローマ文化の魂は「感覚的に現存している個体を拡がりの理想型」とするものであり、彼はそれを「アポルロン的」であると呼ぶ。これに対して、西洋文化の魂は「ファウスト的」であり、「その根源象徴は、限界のない純粋空間」であると言う。[*5]「ファウスト」というのは、言うまでもなく、ゲーテの『ファウスト』の主人公ファウスト博士のことである。西洋文化のファウスト的魂とは、世界の空間と時間の限界を常に超越しようとし、永遠を目指して際限なく成長を続けようとする動的な精神であり、それはギリシャ・ローマ文化にはなかったものだというのである。

ギリシャ・ローマ文化のアポルロン的魂と西洋文化のファウスト的魂について、例えば、数学を例にとって比較してみる。

……ギリシャ・ローマの数観念は事物を在るがままに、大いさとして、無時間的に、純粋な現在と考えた。これはエウクレイデス幾何学となり、数学的静力学となり、そうして円錐曲線の理論による知的体系の完成となった。われわれは事物を、成るものとして、行動するものとして、機能と解する。これは動力学となり、解析幾何学となり、そうしてこれによって微分となるのである[*6]。

ギリシャ・ローマのアポルロン的魂は、感覚的に把握し得る限界を求めようとするので、数の観念も「分量」という感覚的に把握できる範囲にとどまる。これに対して、西洋のファウスト的魂は、無限空間へと向かおうと欲求するので、数の観念は「関数」となる[*7]。「ギリシャ・ローマの知性にとっては、一と三との間には、ただ一つしか数がない。西洋の知性にとっては、無限の群がある」[*8]。西洋文化において創造された虚数と複素数、無限級数、対数、微分幾何学、定積分、不定積分などは、「どれもわれわれのなかにある通俗的・感覚的な数感情に対する勝利である」[*9]。

アポルロン的魂とファウスト的魂の対比は、数学以外にも、音楽、絵画、演劇、建築、宗教、政治体制など、ありとあらゆるものに反映されている。例えば、裸体の柱像はアポルロン的であり、フーガの芸術はファウスト的である。オリュンポスの神々の感覚的な崇拝はアポルロン的であり、カトリシズムとプロテスタンティズムの教条はファウスト的である。ポリュグノトスのフレスコは、アポルロン的な「個物を輪郭で限定する絵画」であるのに対して、レンブラントの油絵は、ファウスト的な「光と影とで空間を形づくる絵画」である。[*10]
　このように、西洋文化の魂はファウスト的であり、ギリシャ・ローマ文化のアポルロン的な魂とまったく別物なのである。
　西洋文化の魂とは、常に限界を超えて永遠へと向かって行動を続け、発展していこうとするものである。しかし、そのファウスト的な西洋文化が十八世紀に頂点に達してしまい、十九世紀以降は成長を止めて、没落へと向かっている。二十一世紀には、西洋文化は末期症状を迎えていることであろう。これがシュペングラーの予言である。
　西洋文化とギリシャ・ローマ文化をこのように対比することが果たして妥当であるか否かについては、議論の余地があろう。しかし、この論点はとりあえず脇において、まずは、シュペングラーの予言が、どの程度、的中しているかという点に集中することとしよう。シュペングラーは、歴史を前もって定めるなどと豪語していたが、実際には、どれだけそれに成功したのか、検証を試みてみようではないか。

## 産業革命とファウスト的魂

　最初に産業革命を成し遂げたのが西洋であることは、論を俟《ま》たない。十八世紀後半の産業革命までは、西洋とそれ以外の世界の経済状態に大きな差はなかった。にもかかわらず、産業革命は西ヨーロッパで発生し、それ以降、西洋世界の経済力と政治力は、非西洋世界を圧倒的に凌駕するようになるのである。

なぜ、産業革命は、その発祥の地として西洋を選んだのか。あるいは、より広く、なぜ、資本主義は西洋において成立したのか。これは、マックス・ウェーバーやウェルナー・ゾンバルトら社会経済学の創始者たちから、デイヴィッド・ランデス、ダグラス・ノース、ケネス・ポメランツ、エリック・ライオネル・ジョーンズ、ジョエル・モキールなどに至るまで、数多くの研究者が興味を引かれ、精力的に取り組んできた問題である。

古典的な研究で言えば、ウェーバーが資本主義の精神としてプロテスタンティズムを特定したのは、あまりにも有名である。これに対して、ウェーバーのライバルであったゾンバルトは、むしろカトリシズムとユダヤ教の影響を重視した。

最近の研究には、十八世紀の西ヨーロッパが置かれた特異な地政学的環境が産業革命の条件を用意したことを重視するものが多いようである。[*11] 確かに、ほかならぬ十八世紀後半という特定の時期に産業革命が起きたことを説明するには、ウェーバーやゾンバルトのように西洋文化の精神論に帰するよりは、当時の地政学的環境を要因とする方が妥当であるように思われる。

とは言え、産業革命の担い手となったのは、間違いなく、新たな事業を創造し、発明や発見に挑戦し、世界へと冒険的に活動の場を広げる企業家、資本家あるいは技術者である。彼らの精神は、まさにファウスト的である。

現に、ゾンバルトは、初期の資本主義を担った企業家精神をファウスト的と形容していた。[*12] 彼はまた、ファウストを古典的企業家と呼び、『ファウスト』の中の次の一節を引用し、「これは最も深い企業の意味をあらわしている」と述べている。[*13]

ファウスト（目が見えない）

夜がいっそうふけたらしい。胸のなかはこよなく明るいのだ。考えてきたことを、さっそく実行に移すとしよう。主人の命令は何よりも重い。みなの者、床を蹴って起きろ。一人のこらず仕事にかかれ。のこりくまなく考えた。それを仕上げる。道具だ、鍬《くわ》に鋤《すき》だ、杭のあとはならしていく。整然と、迅速にやる。いちばんの働き者には褒美をとらせる。千の手をもつ一つの頭が、この大事業をやりとげる。[*14]

ウェーバーやゾンバルトのように、西洋の文化や精神の特異性を強調する見解は、最近でも現れるようになっている。例えば、経済史家のジョエル・モキールは『成長の文化――近代経済の諸起源』において、一五〇〇年から一七〇〇年におけるヨーロッパの特異な文化が果たした役割が、産業革命を引き起こす上で決定的に重要であったという説を唱えている。

当時のヨーロッパでは、自然に関する知識や理解は人類の進歩に役立つし、役立たせるべきであるという思想が広がっていた。しかも、ヨーロッパ域内は統一されておらず、地政学的に分断されていたため、権力集中が弱い一方で、国家を超えた知識人たちのコミュニティが形成されていた。それゆえ思想を巡る自由な競争が比較的活発であり、かつ思想の伝播も容易であった。このような文化は当時のヨーロッパ以外ではまれであった。例えば、当時の中国は、知的水準や技術水準においてヨーロッパに引けをとらなかった。しかし、中国の知識人は過去を理想視しており、未来に向けて進歩するという観念に乏しく、また知識や技術を実用に応用しようとはしなかった。だから、産業革命は中国ではなくヨーロッパで起きたのである。[*15]

モキールの著書にはシュペングラーへの言及は一切ないが、彼が描写するヨーロッパの特異な文化とは、まさにファウスト的であると言ってよいであろう。しかもモキールが着目した一五〇〇年から一七〇〇年とは、シュペングラーの言う西洋文化の夏にあたるのである。

経済学者のエドマンド・フェルプスも、近代経済が西洋世界において勃興したのは、究極的には、そのダイナミズムの推進力となる西洋のエートスあるいは精神があったからだと論じている。

主流派経済学は、経済主体の経済的利益の最大化のための合理的選択行動を前提とするものであり、文化や精神といった要因を軽視する傾向が強い。そのような中で、フェルプスのようなノーベル経済学賞を受賞するほどの著名な経済学者が、このような文化論的・精神論的な主張を展開しているのはいささか意外ではある。

だが、フェルプスは、主流派経済学の前提などおかまいなしに、富や快楽の追求が近代経済をもたらした主要因であるという議論は間違っていると言うのである。確かに、富や快楽の追求を是とする価値観は、富の蓄積を促し、商業経済をもたらし得るであろう。しかし、たゆまぬ投資、技術革新、競争、参入により成長する近代経済が成立するには、それだけでは十分ではなく、富の蓄積を超えた価値観が必要になる。

それは、近代的な価値観であるとフェルプスは言う。その近代的価値観には、例えば、自分自身や自己表現のために考えたり、活動したりするという規範、他者が起こした変化を受容する姿勢、他者との協力の欲求、競争心、主導権を握りたいという欲望、創造や探検や実験への欲求などがある。これらの価値観の背景には、自分自身の判断、洞察、想像力を重視する精神がある。それは、未知のものや革新的なものに挑戦しようとする精神である。この精神を、フェルプスは「生気（vitalism）」と呼んでいる。

この「生気」あるいは近代的な精神が最初に現れたのは、十五世紀のルネサンス期である。これに、十六世紀の大航海時代、十六世紀半ばから十七世紀にかけての科学革命、さらには十八世紀の啓蒙思想の時代が続く。そして、十九世紀には「生気」が経済にも点火し、歴史上初めて、大勢の人々が新しい方法や新しい製品を次々と導入していくようになった。こうして西洋に、成長を常態とする近代経済が誕生したのである。[*16]

フェルプスは、未知なるものや革新的なものへと駆り立てられる西洋の精神を「生気」と呼んだ。「生気」とは、ジャック・バルザンの用語を借りたものであるが、これをシュペングラーに従ってファウスト的魂と言い換えても、おおむね正しいと言える。もっとも、フェルプスは、シュペングラーについてアーノルド・トインビーの先駆者として脚注で言及しているに過ぎない。しかし、フェルプスの描く「生気」は、明らかにファウスト的である。

ほかならぬシュペングラーも、こう述べている。

ファウスト的な発明家と発見家とは他に比類のないものである。その意志の原始力、その現像の輝く力、その実際的沈想の鋼鉄的力、これは他の文化から見ると無気味で理解しえないものであるに違いない。しかしわれわれすべてのものの血のなかに存しているのである。わが全文化は発見者魂を有している。見えないものの被覆を除き、内的な目の光界のなかに引きこまれ、そうしてこれをわがものとすること、これはそもそもの最初の日から、その執拗な熱情であった。そのすべての偉大な発明は底の方にあって徐々に成熟し、予見的な知能の伝え試みるところとなり、ついに一つの運命の必要によってほとばしり出たのである。[*17]

産業革命には、当時の西洋世界の地政学的環境や政治的・経済的制度など、様々な条件が考えられる。しかし、これらはあくまで条件であって、原動力それ自体ではない。いずれの条件があっても、原動力たるファウスト的魂を欠いていれば、産業革命はとうてい起き得なかったであろう。

例えば、同じ「燃焼」という現象を見ても、「ギリシャの火はただおびやかし、火をつけるだけである。しかし西洋では爆発ガスの緊張力は運動エネルギーに変えられている」[*18]。燃焼という現象を「運動エネルギー」という関係へと変換して理解するファウスト的魂がなければ、熱機関の発明や利用には至らない。十八世紀後半という特定の時期に、西洋という特定の場所で、成長を常態とする近代経済が成立したのは、そこにファウスト的魂があったからなのである。

## 文化と文明

ただし、次のことを忘れてはならない。それは、シュペングラーが産業革命を西洋文化の隆盛ではなく、むしろ没落の始まりとみなしていたということである。

第一次産業革命は十八世紀後半から十九世紀初頭にかけて起きたとされる。この産業革命を成し遂げてからというもの、西洋世界は非西洋世界を圧倒し、帝国主義的に支配圏を拡大し、世界における覇権的地位を獲得していった。十九世紀こそ、西洋がその絶頂を謳歌《おうか》した時代であるかにみえる。しかし、シュペングラーは、西洋文化は十八世紀に絶頂を迎えるが、十九世紀には夏から秋、青年期から壮年期へと移行したと考えていたのである。十九世紀とは、西洋文化が転落していく始まりの時代だというのだ。

ここで重要となるのは、「文化」と「文明」の区分である。西洋「文化」は、産業革命を契機として、西洋「文明」へと移行した。十九世紀の西洋の隆盛は「文明」のそれであって、「文化」ではないのである。

実際、シュペングラーは、第一次産業革命、すなわち蒸気機関の登場について、次のように書いている。

　発明の情熱はすでにゴート建築――これをドリス建築にある形式不足と比較せよ――と、われわれの音楽全体とを示してくれている。書籍印刷と遠距離武器とが現われる。コロンブスとコペルニクスにつづいて望遠鏡、顕微鏡、化学元素、それからついに初期バロックの巨大な量の技術的処理がある。

しかし合理主義とともにそれにつづいて、蒸気機関の発明があった。これがすべてを転覆させた。その時までは自然は奉仕をしていた。今や奴隷として軛《くびき》につながれ、その労働は面あてのように馬力で測定される。（中略）機械はみずから労働し、人間をその共同者になるように強制する。文化全体は活動のある程度、つまりその下で地球が震動しているくらいの程度に落ちこんでいる。*19

西洋文化は十八世紀までに、印刷革命（グーテンベルク）、軍事革命（銃火器）、地理上の発見（コロンブス、バスコ・ダ・ガマなど）、科学革命（コペルニクス、ガリレオ、ニュートン、ラヴォアジエなど）など、画期的な転換を次々と成し遂げてきた。これらは、ファウスト的な西洋文化の青年期であり、夏である。

これらに続く産業革命（蒸気機関の発明）もまた、間違いなくファウスト的ではある。ただし、産業革命は、それ以前の諸革命とは段階が異なる。産業革命は、西洋「文化」が西洋「文明」へと固結したことを示すものなのである。この「文化」と「文明」の区分は、フェルプスにはない。

十九世紀以降、西洋文明は、帝国主義によって拡大し、全世界をその手中に収めた。地理的限界を超えて飽くことなく膨張を続けようとする帝国主義は、確かにファウスト的ではある。

しかし、シュペングラーは言う。帝国主義とは「純然たる文明」であり、「終末の典型的な象徴」である。「文化の人間はその力を内部に向け、文明の人間は外部に向ける」[20]。

ファウスト的な「文化」の人間は、社会内部の発展を追求する。ところがファウスト的な「文明」の人間は、自己の外部に向かって取り憑かれたように拡張していくのである。十九世紀以降は、西洋「文明」の全盛期であるかもしれないが、それは同時に、西洋「文化」の衰退期であったのである。

しかし、文明とは、文化が固結し、衰えた姿であるとは言え、その完成された巨大な姿は存続する。ギリシャ・ローマ文化も、衰退して文明と化しながら、帝政を続けたのである。シュペングラーは、そのような内的な発展を止め、外に向かって完成された文明というものの姿を、「原始林のなかの風雨にさらされた巨木」が「その朽ちた枝を空高く伸す」[21]姿になぞらえる。

……かようにして、帝政時代のギリシャ・ローマ文明は、見かけだけの青春の力と充実とでもって、亭々と聳《そび》え立ち、そうして若いアラビヤ文化から光と空気とを取ったのである。

これが歴史におけるすべての没落――内的の、また外的の完成、すなわち、すべて生きている文化を待ち受けている仕上げ――の意味である。[22]

一九一八年という第一次世界大戦の最末期において、シュペングラーは「西洋の没落」を宣告した。そして、シュペングラーの死後、第二次世界大戦が勃発した。しかし、戦後、世界の政治経済の重心は西ヨーロッパからアメリカへと移り、アメリカの覇権の下で資本主義経済は未曾有の繁栄を遂げた。科学技術はいっそう発達し、空間の限界を超えようとするファウスト的精神は終《つい》に宇宙空間へと飛躍していった。そして、東西冷戦が終結し、グローバリゼーションが進行した。一九九〇年代には、情報技術（ＩＴ）を中核とした第三次産業革命がアメリカを中心として始まり、現代では、人工知能（ＡＩ）の実現まで視野に入りつつある……。

こうした科学的あるいは経済的業績を列記して、シュペングラーの予言が外れたことを言祝《ことほ》ぐのは、早計というものだ。なぜなら、これらは、いずれも確かにファウスト的ではあるが、あくまで外に向かって拡張していく「文明」の姿にほかならない。二十世紀のアメリカの下での「文明」の成果をいくら並べ立てたところで、シュペングラーにとっては、それこそが「文化」的には「西洋の没落」の徴候なのである。

しかもだ。二十一世紀の我々は、西洋「文化」どころか、西洋「文明」までもが終に死滅しつつある時代を生きているのかもしれないのである。その徴候の一つに、経済成長の鈍化がある。

図1 全要素生産性の停滞

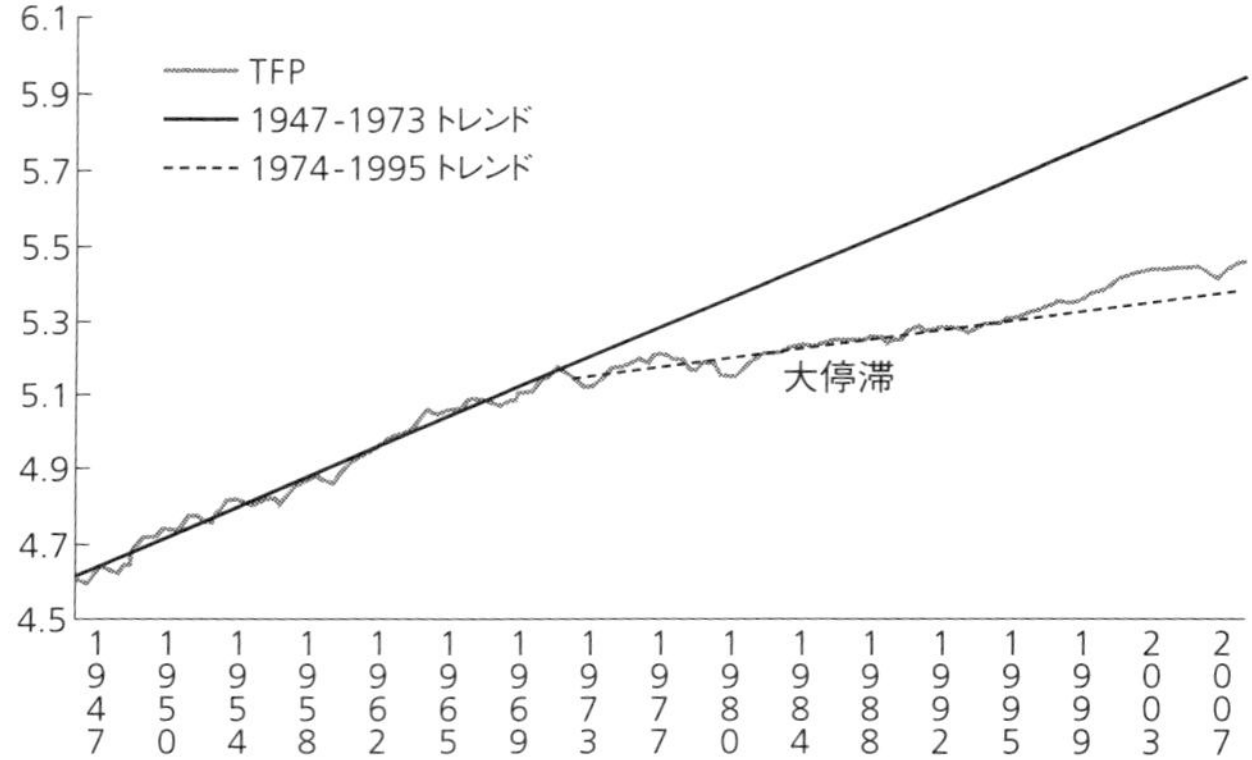


＊http://macromarketmusings.blogspot.jp/2011/02/great-stagnation-and-total-factor.html、http://marginalrevolution.com/marginalrevolution/2011/02/the-history-of-us-productivity-in-a-nutshell.htmlより作成。

## 経済成長の終焉

二〇〇八年の世界金融危機以降、欧米先進国の経済は本格的な景気回復には至らず、長期金利は極めて低い水準に止《とど》まり、低成長とディスインフレが続いている。ローレンス・サマーズはこの状態を「長期停滞（secular stagnation）」と呼んでいる。[*23]

しかし、アメリカ経済の長期停滞は、四十年前にすでに始まっていたという議論もある。

タイラー・コーエンによれば、アメリカの全要素生産性（TFP）は、一九四七年から一九七三年までに比べて、一九七四年以降は鈍化している（図1）。また、一九七〇年代半ば以降、男子フルタイム労働者の中位の実質賃金は、ほぼ横ばいで推移している。

これまでのアメリカは、広大な未開拓の土地、技術革新、教育によって伸びる余地のある労働者といった果実の恩恵によって、成長を続けてきた。しかし、一九七〇年代あたりから、これらの果実はあらかた採り尽くされ、それとともに成長も鈍化した。過去四十年間のアメリカ経済は、「大停滞（great stagnation）」と呼ぶべき状態にあるとコーエンは言う。[*24]

さらに、ロバート・J・ゴードンは、より長期の歴史的な視座から、アメリカ経済は成長しなくなるであろうという予測を示し、論争を引き起こしている。

ゴードンによれば、一七五〇年から一八三〇年の間に起きた第一次産業革命では、蒸気機関、紡績機、鉄道などが生み出され、一八七〇年から一九〇〇年の間に起きた第二次産業革命では、電機、内燃機関、上下水道が登場した。いずれの産業革命における技術革新も、およそ百年にわたって漸進的に進歩し続け、生産性を向上させ続け、生活を一変させるほどの大きなインパクトがあった。

ところが、コンピュータやインターネットを生み出した第三次産業革命は、一九六〇年頃に始まり一九九〇年代半ばに頂点に達したが、それが生産性の向上をもたらした期間はわずか八年であった。これは、第二次産業革命のインパクトと比較すると、極めて微々たるものに過ぎない（図2）。二〇〇〇年以降の技術進歩は、娯楽や通信に関するものばかりであり、電灯、自動車、上下水道のような第二次産業革命の技術とは異なり、労働生産性や生活水準に抜本的

**図2 アメリカの労働生産性の平均成長率**

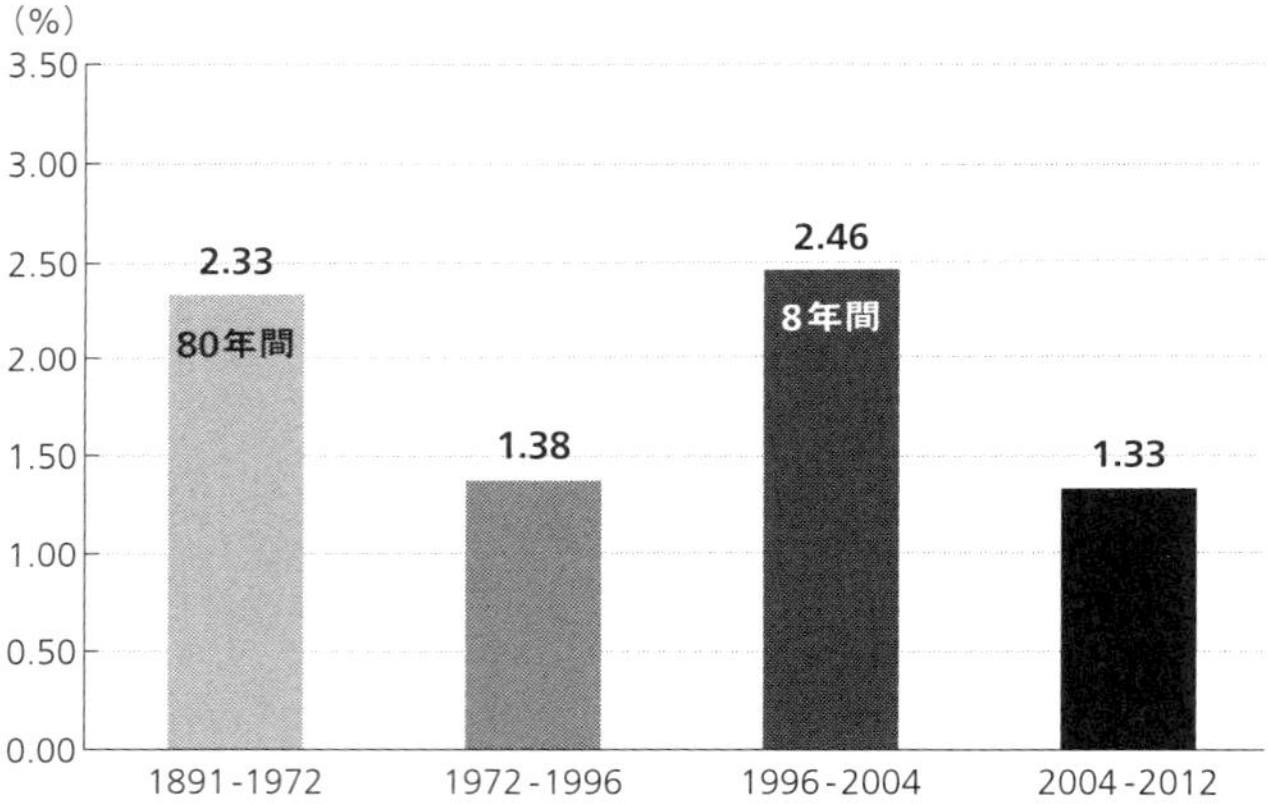


＊https://voxeu.org/article/us-economic-growth-overより作成。

な変化をもたらすようなものではなかったのである。

しかも、アメリカ経済は、今後、経済成長を阻害する様々な壁に直面することになる。ベビーブーム世代と女性の労働参加から生じた人口ボーナスの反転、教育の浸透の頭打ち、格差の拡大と中産階級の没落、グローバル化とＩＴによる賃金の低下、資源価格の上昇、高水準の債務などである。これらの阻害要因を差し引くと、アメリカの経済成長率は、今後、〇・二％程度にまで落ち込むであろうと、ゴードンは予測している[*25]。

もっとも、人類史を全体的に俯瞰すれば、技術革新によって成長し続ける経済というものは、第一次産業革命から今日までの二百五十年間に特異な現象に過ぎない。第一次産業革命以前の世界では、経済成長という現象はほとんど見られなかった。人類史全体で見れば、成長しない経済の方が、むしろ常態だったのである。

そう考えると、経済が成長しなくなるということは、一時的な異常現象として片づけることはできないのかもしれない。ゴードンは、アメリカ経済の成長が鈍化し、ほとんど成長しなくなるという予測に立って、一三〇〇年から二一〇〇年までの一人当たりの経済成長率（十九世紀はイギリス、二十世紀以降はアメリカ）を、図3－1のように描いている。

シュペングラーは西洋文化の成長期は十八世紀までであり、十九世紀以降は成熟し、没落へと向かうとしていた。しかし、図3－1が明らかに示しているように、この一人当たりの成長率が急激に高まったのは、二十世紀に入ってからである。十八世紀の一人当たりの成長率は微々たるものであり、十九世紀になると一人当たりの成長率は上昇するも一％にも至っていない。したがって、西洋文化の盛衰を、経済成長率に還元して計測することはできないと言わなければならない。

しかし、すでに述べたように、シュペングラーは「文化」と「文明」を区別し、「文化の人間はその力を内部に向け、文明の人間は外部に向ける」と考えていたのである。ファウスト的な精神が人間の内面を成長させるのではなく外部へと拡張していく「文明」は、「文化」が成熟して、固結し、衰退していく徴候であった。そして、第一次産業革命以降の十九世紀の西洋

## 一人当たりGDP成長率の推移 1300年-2100年

図3-1

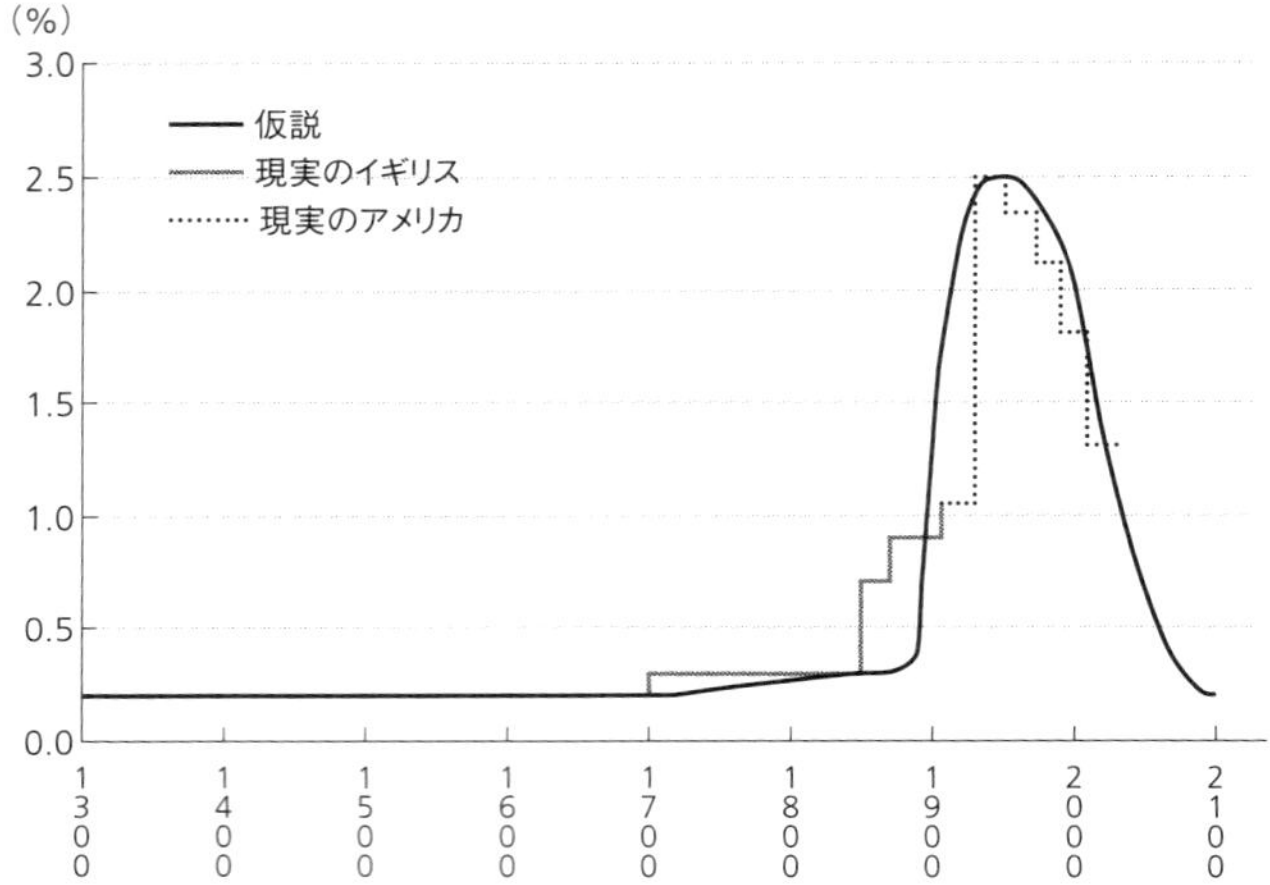


図3-2

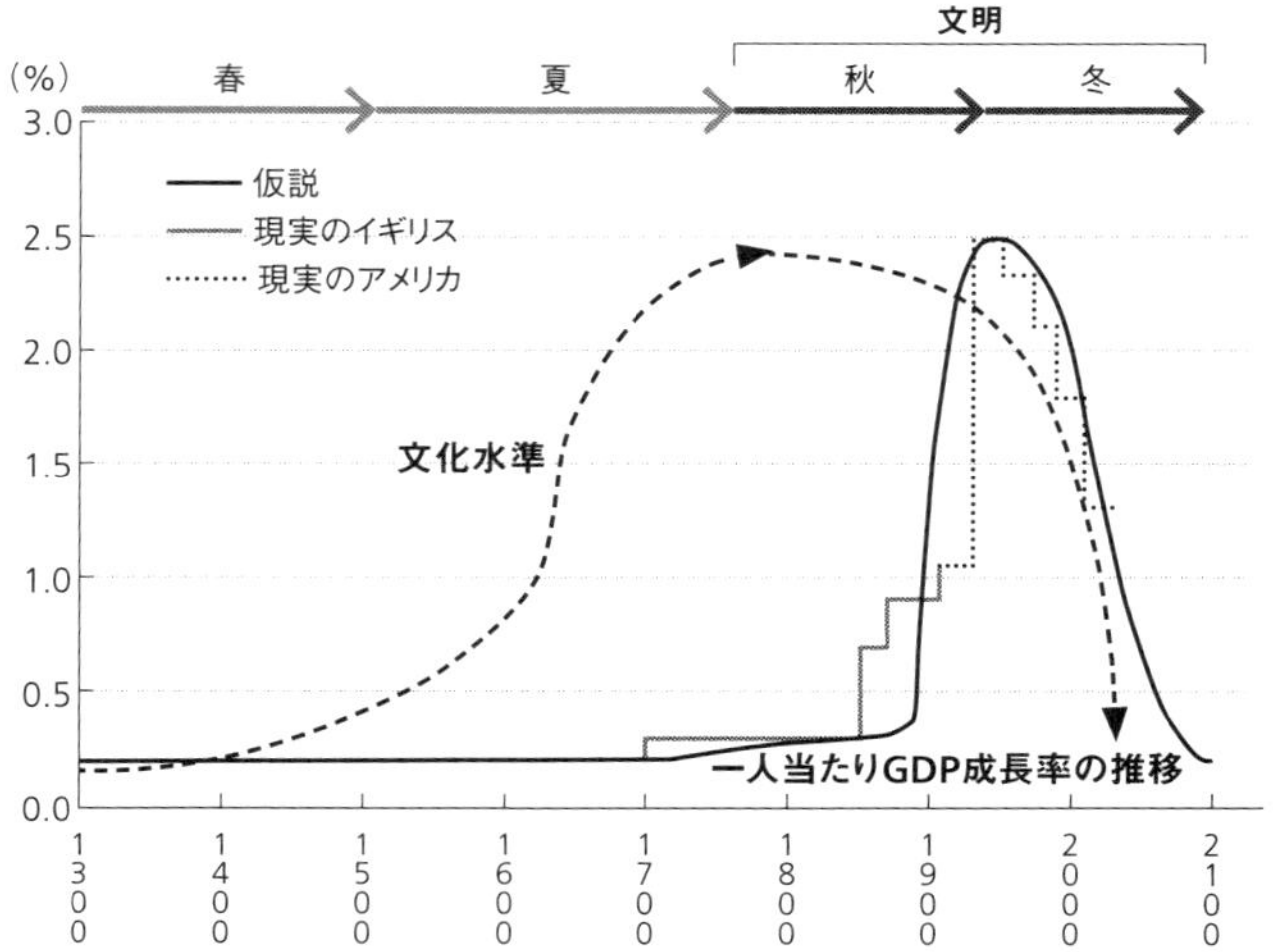


＊図3-1、3-2ともにhttps://voxeu.org/article/us-economic-growth-overより作成。

は、その「文明」に該当する。

したがって、十九世紀以降の一人当たりの成長率の上昇、とりわけ二十世紀半ばの高度経済成長は、西洋の「文化」ではなく「文明」の成長を示すものだと言えるだろう。裏を返せば、この経済成長という果実は、西洋「文明」の成熟、すなわち「秋」の実りを指し示しているということである。

ところが、その西洋「文明」の成長の指標である経済成長すらも、一九七〇年代頃から鈍化し、そして現在では長期停滞が問題となり、経済成長の終焉すら予想されるようになっているのである。だとすると、西洋「文明」の外部へのファウスト的魂さえもが、二十世紀後半以降、衰退し始めたということなのではないか。

それは、西洋はついに「秋」を経て「冬」の時代へと入りつつあるということを意味しているのではないか（図3－2）。我々は、シュペングラーが予言した「西洋の没落」の時代をまさに生きているということではないか。

実際、近代経済の原動力としての「生気」を強調したフェルプスも、ゴードンの指摘を受けつつ、一九七〇年代以降のアメリカ経済は、成長へのダイナミズムを失い始めたと論じている。

例えば、アメリカ企業の経営層は、もはや技術革新に挑戦する企業家ではなく、短期的な利益を求める株主や機関投資家の圧力を受けて、自分の任期中に成果を出そうとする短期主義

(short-termism) に陥っている。金融機関も、長期的で大規模な技術開発投資には関心を示さず、目先の利益だけを追う短期的な金融取引に夢中になっている。また、金融機関は政治と癒着し、金融取引に有利になるよう、法制度を改変するようになっている。

拝金主義や利己主義的な風潮が蔓延し、失敗を恐れずに何かを成し遂げようとするよりも、目先の富や社会的地位を獲得することにエネルギーを費やしている。若者たちは、ソーシャル・メディアでのつながりに埋没し、大勢順応的になっている。

その結果、経済成長の鈍化に加えて、企業の寡占化が進んでいる。一九五〇年代前半のアメリカでは、規模において上位二百社の粗利益の合計は、全体の一五%程度であったが、二〇〇四〜〇八年の間は、それがおよそ三〇%も占めるようになっている。[*26]

十九世紀半ばから一九七〇年代までの近代経済の成功は、近代的な「生気」のエートスの勝利であった。「しかし、時間の経過とともに、それは、政治部門の搾取、文化の退廃、そして経営者たちによる裏切りを被るようになっている」。「近代資本主義というものが百年以上に及ぶ劇的な疾走の後に、弱体化し、危険にさらされているかもしれないことを、我々は知るべきであった」[*27]。フェルプスは、近代経済のダイナミズムを駆動してきた西洋のファウスト的な「生気」が枯渇しつつあることを嘆いているのである。

果たして、この一九七〇年代から現在に至る経済の長期停滞は、シュペングラーが予言した西洋の没落、すなわち「冬」の到来を意味するものなのであろうか。

それを明らかにするためには、シュペングラーが描いた没落の姿と現代世界の様相とを、より詳細に比較する必要があるが、それは次章以降の課題である。

その前に、「西洋の没落」という言葉に関する誤解を避けるために、現代世界に顕著に生じつつある現象について触れておきたい。その現象とは、非西洋世界とりわけアジアの台頭である。

## アジアの台頭

アメリカ政府の諮問機関「国家情報会議（NIC）」は、二〇一二年に「グローバル・トレンド2030」という報告書を公表した。この報告書は、二〇三〇年の世界についての予測に関する文書である。

この報告書の顕著な特徴は、二〇三〇年までに、世界のパワーの中心が西洋世界から非西洋世界、とりわけアジアへとシフトするであろうという見通しを示したことにある。

GDP、人口、軍事費、技術開発投資というパワーの四つの尺度によれば、アジアは二〇三〇年までに北アメリカとヨーロッパの合計を凌駕するであろう。中国は、二〇二〇年代に世界一の経済大国になるであろう。経済のパワーシフトに伴い、政治においてもアジアの重要性が高まるであろう。十八世紀以来の西洋世界の優位が崩れるのである。*28

もっとも、このような予測は、さして驚くようなものではないであろう。現在、我々はすでに西から東、西洋から東洋へのパワーシフトの渦中にいる。二十年前、世界の政治経済の主役はG7、すなわちアメリカ、イギリス、フランス、ドイツ、イタリア、カナダ、日本であった。現在は、G20の時代である。中国はすでに世界第二位の経済大国の地位を奪取し、政治的・軍事的にも大国として君臨している。この現在の潮流を延長すれば、世界のパワーの中心が非西洋世界へと移行するという予測は、容易に導き出されよう。

しかし、ここで注意しなければならないのは、GDP、人口、軍事費、技術開発投資という尺度で計測されるパワーが、西洋世界から非西洋世界へと移行することを指して、これこそがシュペングラーが予言した「西洋の没落」であるとするのは、甚だしい誤解だということである。

というのは、中国をはじめとするアジア諸国の経済成長という現象は、これまで確認してきたように、ファウスト的な西洋「文明」のものだからである。アジアなど非西洋世界のパワーが西洋世界を凌駕しようとしているというのは、非西洋的・非ファウスト的な「文化」が勃興しようとしているということではない。その逆に、非西洋世界が獲得しつつあるのは、あくまで西洋的・ファウスト的な「文明」の尺度によって測られたパワーに過ぎない。

そもそも、この非西洋世界の台頭は、西洋文明が引き起こしたグローバリゼーションがもたらしたものである。言い換えれば、非西洋世界は、グローバリゼーションによって、資本主義という西洋「文明」に染まったということである。そして、非西洋世界のパワーが西洋世界を凌駕しつつあるというのは、非西洋世界が西洋以上に西洋文明化しつつあるということである。グローバリゼーションは、東洋と西洋という区分を、文化・文明上のものではなく、単なる地理上のものにしてしまったのである。

もちろん、非西洋諸国において成立した資本主義は、ヨーロッパやアメリカの資本主義とは異なる制度的あるいは文化的特徴を有することは認められるであろう。しかし、それも、所詮は資本主義という範疇《はんちゅう》の中での相違であるというに過ぎない。ちなみに、シュペングラーは、近代日本は西洋文明に属するものとしている。[*29] 彼は、現代の中国など台頭する非西洋諸国も、西洋文明に属するものとみなしたであろう。

しかも、シュペングラーにとって西洋「文明」とは、西洋「文化」の衰退であり、没落の徴候であった。したがって、今日の非西洋世界の台頭は、西洋「文明」化、すなわち没落を意味するということになる。別の言い方をすれば、非西洋世界が「文明」を示す指標において、西洋世界を凌駕しつつあるのだとしても、「文化」においてもそうだとは限らないということになる。いやむしろ「文化」においては、西洋世界に劣後していてもおかしくはない。

試みに、二〇〇〇〜一七年のノーベル賞（平和賞と文学賞を除く）受賞者の大学別及び国別の内訳を見てみよう。もっとも、ノーベル賞受賞者数が「文化」水準の正確な指標となるかは議論の余地があろうが、参考値の一つにはなろう。
　すると、大学別では十位まで、ほぼアメリカが独占している。国別の内訳でも、アメリカが最多、次いでイギリス、それに日本が続き、以下十位まで西洋諸国で占められている。この中に、この間、世界第二位の経済大国へと急成長を遂げた中国や、台頭著しいインドなど非西洋の新興国の姿はない。[*30]
　もちろん、現代の科学の進歩は巨額の研究開発費を要するものであるから、中国などが今後、巨額の研究費を投じて、ノーベル賞級の科学者を輩出させる可能性は否定できない。しかし、仮にそうだとしても、二〇〇〇～一七年の中国など非西洋新興国の目覚ましい経済成長に比して、ノーベル賞受賞者数がヨーロッパの小国にも劣るという、このアンバランスには目を瞠《みは》るものがある。ここに、「文化」水準の向上を伴わずに「文明」化だけが進展したという非西洋世界の姿を看て取ることは、あながち間違いとは言えないであろう。
　我々が目撃している非西洋世界の目覚ましい台頭とは、非西洋世界の西洋「文明」化である。その先には没落の運命が待っているのである。これは、東洋の勃興などでは断じてない。

＊1――シュペングラーI（1989: p.4）

＊2―シュペングラーⅠ（1989: p.40）

＊3―シュペングラーⅠ（1989: p.41）

＊4―シュペングラーⅠ（1989: pp.27-8）

＊5―シュペングラーⅠ（1989: p.176）

＊6―シュペングラーⅠ（1989: p.25）

＊7―シュペングラーⅠ（1989: p.86）

＊8―シュペングラーⅠ（1989: p.88）

＊9―シュペングラーⅠ（1989: p.86）

＊10―シュペングラーⅠ（1989: p.176）

＊11―産業革命の地政学的起源については、中野剛志『富国と強兵――地政経済学序説』（東洋経済新報社、二〇一六年）第七章を参照せよ。

＊12―ヴェルナー・ゾンバルト『ブルジョワ――近代経済人の精神史』中央公論社、一九九〇年、五三八－五三九頁。

＊13―ゾンバルト（1990: pp.86-7）

＊14―ゲーテ『ファウスト第二部』集英社文庫、二〇〇四年、四〇二頁。

＊15―Joel Mokyr, *A Culture of Growth: The Origins of the Modern Economy*, Princeton University Press, 2017.

＊16―Edmund Phelps, *Mass Flourishing: How Grassroots Innovation Created Jobs, Challenge, and Change*, Princeton University Press, 2013, Ch. 4.

＊17―O・シュペングラー『西洋の没落――世界史の形態学の素描［第二巻］世界史的展望』（以下、シュペングラーⅡ）五月

書房、一九八九年、四〇九頁。

*18—シュペングラーII (1989: p.409)

*19—シュペングラーII (1989: p.410)

*20—シュペングラーI (1989: p.45)

*21—シュペングラーI (1989: p.113)

*22—シュペングラーI (1989: pp.113-4)

*23—ローレンス・サマーズ「長期停滞にどう向き合うか——金融政策の限界と財政政策の役割」『フォーリン・アフェアーズ・リポート』二〇一六年三月号、フォーリン・アフェアーズ・ジャパン、六－一五頁。

*24—https://www.cscollege.gov.sg/Knowledge/Documents/CGLEI24%20The%20Great%20Stagnation.pdf

*25—Robert Gordon, 'Is U.S. Economic Growth Over? Faltering Innovation Confronts the Six Headwinds,' *NBER Working Paper* No.18315, 2016.

*26—Phelps (2013: Ch.10)

*27—Phelps (2013: p.267)

*28—The National Intelligence Council, *Global Trends 2030: Alternative Worlds*, December 2012.

*29—シュペングラーII (1989: p.350)

*30—https://www.timeshighereducation.com/news/top-10-universities-producing-nobel-prizewinners-2017

# 第二章 グローバル・シティの出現、地方の衰退そして少子化

## 世界都市

前章では、長期停滞や技術革新の鈍化といった経済的な観点から、ファウスト的魂の衰微と西洋の没落を確認しようとした。もっとも、シュペングラーにとっての西洋の没落とは、経済的な現象に限られるものではない。しかも、生産性や経済成長率のような数値が、没落の指標として適切であるか否か、疑問なしとはしない。

そこで、本章以降の議論では、より広い視野に立って、シュペングラーが西洋の没落として描いている文明の光景を抽出し、それと現代社会の様々な状況を比較検証することとしよう。もし、その両者が合致していれば、シュペングラーの没落の予言は正しかったことになるというわけである。

シュペングラーの歴史哲学によれば、文化が成熟し、没落へと推移する際に現れるのが文明

である。シュペングラーは、ギリシャ・ローマの文化は紀元前四世紀に、西洋の文化は十九世紀に、文明へと移行したと観ていた。

西洋のファウスト的魂は、文化の時代においては、社会内部の発展という姿をとるが、文明の時代には単なる外部への膨張へと向かう。「文化の人間はその力を内部に向け、文明の人間は外部に向ける」のである。文明の時代に入った十九世紀には、その姿は帝国主義となって現れた。

さらに十九世紀末から第一次世界大戦前夜、すなわちシュペングラーが『西洋の没落』を構想していた時代には、その外部への膨張は、いわゆる「グローバリゼーション」として発現したのである。

グローバリゼーションと言うと、ここ二、三十年の間に起きた新しい現象であるかのように思われるかもしれないが、それは誤解である。また、世界の歴史が不可避的・不可逆的にグローバリゼーションへと向かうという通俗的なイメージがあるが、これも歴史的事実に反する。

グローバリゼーションと呼ぶべき現象は、すでに十九世紀末から二十世紀初頭にかけて、発生していた。この時期、西洋文明に属するほとんどの国で、GDPに占める貿易の割合は、現代ほどではないにせよ、高まっていた。さらに資本移動に関しては、当時のイギリス、アメリカ、フランス、日本では、一九九〇年代前半並み、あるいはそれ以上の高い水準に達していた。

そして移民の規模は、現代を上回っていた。

しかし、この十九世紀末から二十世紀初頭にかけてのグローバリゼーションの潮流は、第一次世界大戦、世界恐慌さらには第二次世界大戦によって途絶することとなった。そして、第二次世界大戦後の世界経済体制（ブレトン・ウッズ体制）の下では、言わば「脱・グローバリゼーション」へと向かったのである。例えば、国際資本移動は規制された。貿易の自由化は、GATT（関税と貿易に関する一般協定）の下で、慎重かつ漸進的に進められるようになり、ケインズ主義的な経済運営や福祉国家など、国家による国民経済の管理も強化された。

グローバリゼーションは不可避・不可逆の潮流だったのではなく、国家の政治的意志によって逆流させられていたのである。しかも、この脱・グローバリゼーションの時期においてこそ、世界経済及び西側先進諸国は、かつてなく高い経済成長を実現していた。

しかし、脱・グローバリゼーションのブレトン・ウッズ体制は一九七〇年代初頭に崩壊し、さらに一九八〇年以降になると、世界は再びグローバリゼーションへと向かった。冷戦終結後の一九九〇年代以降になると、グローバリゼーションの流れはさらに加速した。一九九五年に設立されたWTO（世界貿易機関）の下で、財のみならずサービスの貿易の自由化が急速に進められ、国際資本移動も二十世紀初頭の水準に戻った。*1

このように、グローバリゼーションとは、十九世紀後半から二十世紀初頭の間と、二十世紀末から二十一世紀初頭に起きた現象である。シュペングラーは、前者のグローバリゼーションを目撃していたのであり、それは間違いなく、現代に匹敵する規模のものであったのである。彼が一九三一年に著した『人間と技術』にも、グローバリゼーションの様相が次のように描かれている。

時間と空間のあらゆる限界をあざ笑い、限界のないもの、無限なものを己れ固有の目的とする権力への意志は、全大陸を己れの支配下におき、ついには地球を己れの交通や通信制度という形式でおおいつくし、自らの実践的なエネルギーの威力と技術的方策の巨大さとによってこの地球を〈変えて〉しまうのである。[*2]

このグローバリゼーションという形態の中に、シュペングラーは、ファウスト的魂が衰微し、堕落し切った姿を観ていた。

グローバリゼーションとは、文化が文明へと転じ、没落していく過程なのである。そして、その没落に随伴する現象の一つが、大都市への一極集中と地方の衰退であった。それは、まさに現代日本で進行している事態にほかならない。

……一つの世界にかわって、一つの都市、すなわち残りの部分が枯れ果てているのに、広大な諸地方の全生活の集中している一つの点が生じ、形式に富み、大地に生死を託する民族にかわって、新しい流浪民、寄生物である大都市住民が生じ、農民生活（またその最高の形式である田舎貴族）を心から嫌う無宗教的、理智的、不産的な、全然伝統のない、純然たる実際的人間が、無形式のままふらついている大軍をなして生ずる。すなわち無機的なものに向かい、終末に向かう巨歩なのである。[*3]

さらに、文明が爛熟し、そして没落していく過程においては、単なる都市化のみならず、「世界都市」の出現という現象が生じる。

……「膨張こそすべてである」という彼のナポレオン的な語句は、成熟したどの文明にも特有な傾向をいい表わしている。（中略）拡張的傾向は宿命であり、憑かれた、巨大な何ものかであって、世界都市段階に入った後期の人間を縛りつけ、自己に奉仕させ、これを使い果たすのである。その人間の欲すると欲しないと、知ると知らないとを問わない。[*4]

世界都市は、グローバリゼーションの随伴現象である。国家に代わって世界都市が、富や人間を惹きつける磁場となる。
人々は、祖国や故郷の束縛から離れて、世界都市へと集まってくる。このような現象は、シュペングラーにとっては進歩ではなく、没落の徴候にほかならなかった。

……世界都市とは「故郷」ではなく世界主義であり、伝統と成熟とに対する崇敬ではなく、冷たい事実感であり、古い心の宗教ではなく、その化石としての科学的無宗教であり、慣習法ではなく、自然法である。[*5]

ここでシュペングラーは、「故郷」については、次のような注を付している。「野蛮人が文化人と成るとその意味を持ちつづけ、そうして文明化した人間が ubi bene ibi patria（住むのに好い処はどこでもわが祖国）を格言として掲げると、再びその意味を失った。意味深い言葉である」。[*6]
文化とは、故郷や祖国といった特定の土地に根差し、そこで伝統を紡ぎながら成熟していくものであるとシュペングラーは考えていた。故郷や祖国に定住しないのは野蛮なのである。文明化した人間は、故郷や祖国の束縛から脱して、自由に飛び回るようになる。それは文化を失った人間、すなわち野蛮人の姿である。

グローバリゼーションによって世界都市に集まってくる現代の野蛮人は「大衆」と呼ばれる。「大衆」は、故郷をもち、特定の土地に根差して生活し、文化を背負っている「民族」とは区別される。

……世界都市に属するものは民族ではなく、大衆である。あらゆる伝承されたものに対する無理解。文化（貴族、教会、特権、王朝、芸術においては伝統、科学においては認識可能性の限界）の克服。農民の利口さに勝る鋭いまた冷たい理知。性的および社会的なものに関して、ソクラテスとルソーとよりもっと以前に立ち返って、原始人的本能と状態とに結合する全然新しい意味における自然主義。賃金争議とスポーツ競技場との形をとって現代に再現している「パンとサーカス」（Panem et circenses）。すべてこれは、最後的に終結した文化に対し、田舎に対して、全然新しい、末期的な、未来のない、しかも不可避的な、人間存在の形式を表わすものである。[*7]

二〇二〇年に東京でオリンピックが開催される予定であり、その経済効果に期待が集まっている。しかし、それは、世界都市における「パンとサーカス」、すなわち「末期的な、未来のない、しかも不可避的な、人間存在の形式を表わすもの」なのではあるまいか。

シュペングラーが描き出す没落の様相の中には、次のような記述もある。経済停滞と人口減少の中で、中国など海外からの観光客が落としていく金に期待するようになった現代日本人が、思わず目をそむけたくなるような一節である。

……人口の減少したアテナイは、外人の観光により、また（ユダヤ王ヘロデスのような）富裕な外国人の喜捨によって生きていた。そのアテナイでは、急に成金となったローマの旅行賤民どもが、ちょうど今日のアメリカ人がシスチーナ会堂を訪れて、わけもわからずにミケランジェロの作品を眺めているように、ペリクレス時代の芸術品を、何の理解もなく、ぽかんとして眺めた。[*8]

観光立国とは、世界史において繰り返されてきた没落の光景なのである。

## 現存在と覚醒存在

一般に、グローバリゼーションや世界都市の発展は、社会の発展と進歩の表れとみなされるであろう。ところが、シュペングラーは、これを没落あるいは野蛮とみる。このシュペングラーの解釈の意味するところを理解するためには、多少なりとも、彼の存在論哲学を踏まえておく必要がある。

まず、シュペングラーは、存在を「現存在（現にあること）」と「覚醒存在（目覚めていること）」とに区分する。

例えば、植物は、そこに在るだけ、つまり覚醒存在のない現存在である。また、睡眠中の生物もまた、植物同様、覚醒存在のない現存在である。

これに対して動物は、植物とは異なり、その感覚を周囲の世界に対して広げ、活動しようとする覚醒存在である。とりわけ高等動物は、単なる感覚のみならず、理解的な感覚をもつ。さらに人間は、言葉というものを発達させて、感覚から理解を解放するに至った。

「言葉というものは、もともと、見える事物の名前なのであるが、その言葉はいつの間にか思考の事物、すなわち『概念』の標識となる」。つまり、「『見ること』から抽象された（「引き抜かれた」abs-tractes）理解[*9]」というものが可能になる。これが「思考」というものである。

同じ覚醒存在でも、動物と人間とを厳密に区分するものは、この「思考」である。

ただし、この「思考は永遠にわたって人間的覚醒存在のなかに一つの争いを持ちこんだ[*10]」。

その争いとは、知性と感性、知能と肉体あるいは思考と生命との間の対立である。思考は、言葉によって感覚から理解を抽象し、解放することで、生命から独立して活動することを可能にした。そして人間は、知性、知能、思考に偏重し、感性、肉体、生命の価値をその下位に置くようになっていった。

これは、現存在と覚醒存在との間の対立でもある。一般的な動物であれば、現存在と覚醒存在とは一体であり、その間に齟齬《そご》はない。「動物は単純に『生きている』のであって、生活について沈思しない[*11]」。動物という存在においては、覚醒存在は、現存在に仕えているのである。

ところが人間の場合には、思考と行為の間に齟齬が生じ、対立する。知能（覚醒存在）は生命（現存在）の一部に過ぎないのであり、したがって、本来であれば、知能は生命に仕えるべきものであった。ところが、人間だけは、そうはならない。

……しかし知能は仕えようとは欲しない。逆に生命を支配しようと欲し、そうして支配していると信じている。肉体を、「自然」を、自由に使おうとすることは、人間知能の断然とした要求の一つである。しかしこの信念自身が生命に仕えているかいないかは疑問である。（中略）現存在には覚醒存在はなくともいい、生活には理解はなくともいい。しかしその反対ではない。とにかく思考は「思想の領域」だけを支配するのである[*12]。

覚醒存在（知能・思考）は、本来、現存在（生命・生活）の上に成り立っている。ところが、覚醒存在が過剰に発達すると、現存在から独立して活動するようになる。現実世界から遊離した理論的思考が生活世界を支配し、知能が事実とは無関係に暴走するようになるのである。しかし、「このことが成熟した人類の全歴史とその内容とを形づくったのである。そうして一つの文化の取る形態が高度になればなるほど、この対立はいよいよその文化の覚醒存在の重要な瞬間を支配するのである」[*13]。

この存在論哲学が、栄枯盛衰の歴史哲学を導き出す。シュペングラーは、歴史を、人間的存在における覚醒存在と現存在の葛藤の過程としてみているのである。

まず、「原始の人間は流浪する動物であり、その覚醒存在が一生を通じて休みなく模索する現存在であり、純然たる小宇宙であって、場所にも束縛されず、故郷もなく、鋭敏で臆病な感覚を持ち、たえず敵である自然から何物かを取ろうとしているのである」。

しかし、「深い変化は農業とともに初めて生じた」。農業という営みが生じたことで、人々は土地に定住して生活するようになる。農業とは自然を人為的に改変する活動ではあるが、

> ……しかしこれとともに人間自身植物になる。すなわち農民になるのである。人はその耕すところの地面に根をおろす。人間の魂は土地のなかに一つの魂を発見する。存在は新たに土地と結合し、そうして新しい感情が現われてくる。敵なる自然は友となり、土は母なる大地となる。（中略）農家は定住の大きな象徴である。農家はそれ自身植物である。そ

れは根を「自己の」土地のなか深く沈める。[*14]

農民が植物的存在とみなされるのは、土地に束縛されているからである。農民は自由ではない。しかし、農民が土地に束縛された植物的存在であるということは、シュペングラーにとっては、必ずしも否定的な意味をもつものではない。なぜなら、植物的存在は現存在そのものであり、そこに覚醒存在と現存在の分裂はないからだ。これに対して、動物、あるいは狩猟民や遊牧民は、土地に束縛されない自由な存在である。それゆえに、動物や人間は、覚醒存在と現存在が分裂する不安にさらされる。「危険に面してふるえながらむれ集まる家畜の群れ、泣きながら母にまといつく小児、神のまえに押し進もうとする絶望した人間、これらはみな解放されて出てきたその自由な存在から、かの束縛された植物的な存在にかえろうと欲するものである[*15]」。

人間が農業によって定住する、すなわち土地に根を下ろして生活するようになったことは、言い換えれば、覚醒存在と現存在が結合するようになったということを意味する。「これはあらゆる文化の前提である。それ自身母の土地から植物的に再び成長して来て、そうして人間と土地との精神的結合をもう一度深めるところのあらゆる文化の前提である[*16]」。

定住、すなわち土地と結びつくということは、文化の前提である。そして、文化が土地と結びついて発達すると、都市となる。文化とは、都市文化のことにほかならない。

　シュペングラーの歴史哲学において、都市は極めて重要な位置を占める。彼の世界史は、文化（そして文明）の歴史であるが、その文化を象徴する形態が都市なのである。「第二時代の高度な人間は都市を建設する動物である。これは『世界史』の真の規準であって、『世界史』を最も明瞭に一般人間史から峻別するものである。——世界史は都市人間の歴史である。民族、国家、政治、宗教、あらゆる芸術、あらゆる科学は人間存在の一つの根源現象に、すなわち都市にもとづいている[*17]」。

　文化は土地と結びつく。文化とは、覚醒存在が現存在に根を下ろしながら発展した状態なのである。その文化の状態を表象しているのが、都市である。

　すでに述べたように、覚醒存在が過剰に発達し、現存在から独立して活動するようになると、それは現存在を支配しようとする。過剰に発達した思考が、自然と共に生きる生命の束縛から自由になるだけではなく、自然と生命とを支配しようとするのである。

　だが、本来、覚醒存在は現存在の一部に過ぎない。覚醒存在は現存在の一部として活かされているのである。それにもかかわらず、過剰に発達した覚醒存在は、現存在を脅かすようになる。それは、現存在を弱めることで、必然的に覚醒存在自身をも衰えさせることとなろう。

　この過剰に発達した覚醒存在が、成熟した文化のなれの果てとしての「文明」である。そして、覚醒存在が自らの根である現存在を弱らせ、文明が衰亡していく段階が「没落」なのである。人間が土地に縛られなくなり、自由に活動するようになった「文明」とは、かつて土地から自由であった狩猟民や遊牧民の状態、すなわち文化以前の段階と同じである。それゆえに、没落した文明は、野蛮なのだ。

　都市は「文化」を表象する形態であったが、「文明」を表象する形態となると、それは巨大都市さらには世界都市となる。都市の過剰な肥大化は、覚醒存在の過剰な肥大化を意味するのである。

　かつて、文化の時代の都市は、思想や芸術を担う人々が根を下ろす土地であった。これに対して、文明の時代の巨大都市には、土地に根をもたない自由な人々が世界中から集まってくる。

> ……巨大都市を伴なった文明の生ずるにおよんで、この精神態の根は再び軽蔑され、そうして人はこれから遊離するようになる。文明化した人間、すなわち知的遊牧民はまたもや全然小宇宙となり、全然故郷なく、猟師と牧者とが感覚的に自由であったと同じに知的に自由となる。Ubi bene, ibi patria（住むによきところはこれ祖国）——これは一文化の前にもいえることであり、また後にもいえることである。[*18]

## グローバル・シティ

一九八〇年代以降のグローバリゼーションという世界経済の構造変化の中で、ニューヨーク、ロンドン、東京、フランクフルト、パリといった特定の巨大都市に金融セクターと専門サービス・セクターが集積し、世界経済の中心となって立ち現れた。この現象に着目したサスキア・サッセンは、こうした巨大都市に着目し、これらを「グローバル・シティ」と命名して研究し、とりわけニューヨーク、ロンドン、東京に対して詳細な分析を施している。

国境を越えた経済活動のフローが集中する国際的な大都市であれば、これまでにも複数存在してきた。しかし、それらは、かつては帝国の中の経済活動のフローに限られたものであり、また二十世紀においては国民国家間システムの枠の中に限定されていた。ところが、二十世紀末以降、帝国や国民国家以外のグローバルな空間が影響力を強めるようになり、グローバルな市場が出現した。そうしたグローバリゼーションという構造変化の中から新たに誕生したのが、グローバル・シティである。

サッセンによれば、グローバル・シティの形成において決定的な役割を果たしたのは、金融であった。一九八〇年代に進められた金融市場の規制緩和や金融業の急激な国際化によって、グローバルな金融市場が急速に発展した。こうした中で、ニューヨーク、ロンドン、東京は、金融商品の生産と国際取引が集中して行われる場として機能するようになった。これに伴い、こうした都市には、金融サービスに加え、国際的な法律サービス、会計、経営コンサルティングといった専門サービス・セクターが集積していった。これがグローバル・シティである。

こうして少数の限られた都市のみがグローバル・シティと化す一方で、それ以外の都市や地域は衰退している。また、グローバル・シティ内の所得分布が、金融サービス業や専門サービス業に従事する高所得者と、それ以外の低賃金労働者とに二極化するという現象も起きた。[*19]

このようなグローバル・シティを出現させた大きな要因として、サッセンは一九八〇年代以降の金融のグローバリゼーションを強調するのであるが、同じ八〇年代に起きたもう一つの大きな変化もまた、見過ごすことはできない。それは、コンピュータ革命あるいは情報革命である。

一九八〇年代のコンピュータの急速な普及により、定型的な業務ではなく、高い認知能力を必要とする職種や業務が急激に創出されるようになった。こうした高い認知能力を有する人材は、少数の都市に集中し、また他の地域から同様の高度な人材を呼び込むようになった。その一方で、この変化に対応できなかった地域は衰退していったのである。[*20]

サッセンが強調した金融サービスや専門サービスもまた、高い認知能力を要する職種であると同時に、情報通信産業の大口の顧客でもある。また、金融サービスの技術革新やグローバリゼーションは、情報革命なしにはあり得なかったであろう。グローバル・シティは、金融と情報技術の同時的な発達とがあいまって、高い認知能力を有する人材を集積させて、成長していったと言える。

こうした金融サービス、専門サービス、あるいは情報通信産業のような高い認知能力を要する部門の比重が高い経済構造は、「知識経済」とも呼ばれている。知識経済とは、天然資源や物理的な投入よりも、知的能力に、より依存する経済のことである。知識経済においては、主な付加価値は、物理的な資源よりも、知的能力から生み出される。この知識経済化は、一九八〇年代以降に大きな進展がみられた。[*21] グローバル・シティとは、現代の知識経済を表象する都市形態なのである。

これをシュペングラーの概念を用いて言えば、知識経済とは、覚醒存在が肥大化した経済構造であると言うことができる。知識経済的な活動は、天然資源や物理的な投入への依存度が低いがために、自然的・物質的な束縛からより自由である。そして知識経済では、知的能力が付加価値の源泉である。シュペングラーはこれを、覚醒存在が現存在から乖離《かいり》し、覚醒存在が現存在を支配している様と観たであろう。そして、知識経済化を文明の没落現象とみなしたであろう。

ここで注目すべきは、シュペングラーが、覚醒存在的なものとして「貨幣」を論じているという点である。

すでに述べたように、シュペングラーは土地を現存在的なものとみなしたが、貨幣は、土地とは対照を成す。「土地は実在的なもの、自然的なものであるが、貨幣は抽象的なもの、人工的なもの」であり、「覚醒存在内における純流通形式としての貨幣は、数学的世界や論理的世界の量と同様に、現実によって制限されない可能性範囲を持っている」[*22]。

貨幣とは、知性や都市などと同様に、自由であり、覚醒存在的なものなのである。したがって、「都市は知性である。大都市は『自由』な知性である。(中略)都市はただたんに知性を意味するばかりでなく、貨幣をも意味する」[*23]。サッセンが、グローバル・シティの形成において主たる役割を果たしたのは金融であると分析していたことが想起されるであろう。

グローバリゼーション、金融化、知識経済化とともに出現した二十一世紀のグローバル・シティは、シュペングラーによって、こう予言されていた。

最後に生ずるものが世界都市である。これは完全に自由となった知性の巨大な象徴で、またその容器であり、世界史の進路がついに完全に集中される中心点である。すなわちかのあらゆる成熟した文明のきわめて少数の巨大都市である。これら巨大都市は、自己の文化のすべての母土を、地方という概念によって破門し、低く評価する。いまや地方とはすべてである。農村も小都市も大都市もすべてそうである。ただこれら二つまたは三つの地点だけが別である。[*24]

グローバル・シティ（世界都市）に集積する人々は、自然とは乖離した人工的な空間にあって、高度な認知能力を要求される業務に従事し、極度に知的な緊張を強いられている。それゆえ、世界都市人には「気晴らし」が必要になるとシュペングラーは言う。

……しかし極度に強い実際的思考作業をその反対のものによって、すなわち意識的におこなわれた愚行によって解放すること、知的緊張をスポーツという肉体的緊張によって解放し、肉体的緊張を「快楽」という感覚的緊張によって、それから勝負ごと、賭博との「興奮」という精神的緊張によって解放すること、日常労働の純粋論理にかえるのに意識的に享楽した神秘主義をもってすること——これはあらゆる文明のあらゆる世界都市にくり返されている。映画、表現主義、接神術、拳闘、黒人舞踏、ポーカーそれから競馬——すべてこれらはローマに見出されるだろう。[*25]

これらはいずれも、今日のニューヨーク、ロンドン、そして東京においても見出されることは言うまでもない。とりわけ衰退著しい日本では、最近、政治家たちがカジノの実現に向けて熱心に動いている。やはり、グローバル・シティは、没落の徴候とみて間違いがなさそうである。

## 少子化

人口減少も、シュペングラーは没落の徴候の一つに数える。それもまた、歴史上、どの文明の没落期にも共通して観られる現象であった。

　この段階になると、あらゆる文明において、数百年にわたる恐るべき人口減少の時期が始まる。（中略）ローマ帝国は最も完全な平和を享有していた。富んでいた。よく開化していた。たくみに組織されていた。ネルワからマルクス・アウレリアヌスまで、他のどんな文明の君主制も示しえない支配者の一系列を有していた。それにもかかわらず人口は急激に、しかも大量に消滅していった。[*26]

　ヨーロッパの人口は、十八世紀から二十世紀初頭にかけて、多産多死から少産少死への転換、すなわち死亡率の低下とそれに続く出生率の低下を経験したことが知られている。シュペングラーの生きた時代のヨーロッパは、その出生率の低下の過程にあった。[*27]

　当時のヨーロッパにおける出生率の低下の原因の一つに、識字率の上昇とそれに伴う結婚年齢の上昇（女性の出産期間の縮小）が考えられる。同様の現象は一九七〇年代の第三世界においても起きている。[*28]

十九世紀から二十世紀初頭にかけての人口転換は、当初は、先行した死亡率の低下に出生率の低下が追い付いて均衡するものと考えられていた。ところが、一九六〇年代後半以降、先進諸国の出生率は死亡率よりも低い水準にまで低下し、人口が均衡せずに減少するという現象が起きた。

ディルク・ヴァン・デ・カーは、この一九六〇年代後半以降の人口転換を「第二の人口転換」と呼び、二十世紀初頭までの「第一の人口転換」と区別している。

この「第二の人口転換」、すなわち二十世紀後半以降の少子化と人口減少は、なぜ起きたのであろうか。

これについては、現在もなお、多くの研究者たちによって様々な説が盛んに提出されている。[*29]だが、シュペングラーによれば、そもそも、文明化した人間というものは、子供を産まなくなるものなのである。文明化した人間は、覚醒存在（知性）が肥大化し、現存在（自然）が弱体化しているため、出産という自然的なものが衰えるのだ。

> こうなったとき、現存在がいよいよその根を失い、覚醒存在がいよいよ緊張してくるという事実から生ずる現象は、かの文明化した人間の不妊である。（中略）ここで論じていることは、近代科学が当然のこととして研究したような、きわめて平凡に因果的に、例え

> ば生理学的に理解されうる何物かではない。ここに存するものは全然形而上学的な死への転帰である。世界都市の終末人間は個人としては生きようとするが、型として、群れとしてはもはや生きようとは欲しない。[30]

シュペングラーは、「個人としては生きようとするが、型として、群れとしてはもはや生きようとは欲しない」という個人主義的な価値観の蔓延が少子化をもたらすと論じているが、ヴァン・デ・カーの説明も、それに近い。彼は、第二の人口転換を価値転換と関連付けている。それは、一九六〇年代後半以降の「脱・近代化（post-modernisation）」への価値転換である。「脱・近代的価値」とは、自己実現や個人の自由を強く求める価値観のことを指す。権威に無批判に従うことはなく、自分の生活様式や人間関係の自己決定権を重視する。自分自身を自由に表現することを望み、既存の規範、価値観、社会的役割といった束縛からの解放を支持し、価値観の多様性を好む。[31]

このような「脱・近代的」社会、言い換えれば、極端に個人主義的な社会では、結婚であれ、出産であれ、個人の純粋な意思決定によることとなる。原俊彦が言うように、「最終的には家族を形成し、子どもを持つこと自体が自明なことではなくなり、究極的な自己実現との関連において、改めて検討されるべき問題となった[32]」というわけである。

しかし、親子関係という束縛は、自己を犠牲にするという側面を強くもつ。したがって、自己実現という個人主義的な価値観に立って、子供をもつことを正当化する理由を見出すことは容易ではない。このため、極端に個人主義的な価値観が蔓延した「脱・近代的」社会では、必然的に少子化や無子化が進むこととなるのである。

要するに、「脱・近代的」社会では、人間の知性が肥大化し、子供をもつ意義や理由にまで頭を巡らせるようになるのであり、そして、そのことが少子化の原因になるというわけである。シュペングラーは言う。「子供が生まれないというのは、たんに子供が不可能になったからばかりでなく、とくに極度にまで強化された知性がもはや子供の存在理由を見いださないからである[*33]」。

したがって、教育水準の向上と少子化との間に見られる相関関係も、シュペングラーにとっては自明の理であった。「高度に教育ある人々の日常思考のなかに、子供の存在に対して『理由』が見いだされるやいなや、すぐに大きな転機が生ずる。自然は理由などは知らないのである[*34]」。これが「文明化した人間の不妊」である。「知能と不妊とが、老いた家族、老いた文化において結びついている」のである[*35]。

ところで、このシュペングラーのように、少子化の原因を個人主義的な価値観の蔓延や教育水準の向上に帰する議論は、とかくフェミニストからの批判を招きやすいものである。というのも、こうした議論は、女性をかつてのように伝統的な共同体に束縛したり、あるいは女性に対する教育を不要としたりすることを是とする前近代的な価値観を擁護しているかに見えるからである。

そこで、ジェンダーを巡るシュペングラーの思想を確認しておこう。案の定、シュペングラーは、男性と女性とは異なる本質をもつ存在であると考えていた。

女性的なものは宇宙的なものにより近い。それは土により深く結びついており、自然の大循環のなかにより直接に入りこんでいる。男性的なものはより自由であり、より動物的であり、感覚においても理解においてもより覚醒的で、より緊張している。[*36]

このように、シュペングラーは、女性はより現存在的であり、男性はより覚醒存在的であると観ている。言い換えれば、女性はより生命的であり、自然に束縛されているが、男性はより知性的であり、より自由であるということである。それが正しい理解であるか否かについては、議論の余地があろう。しかし、ここから直ちにシュペングラーを男尊女卑と決めつけるのは、早計である。

というのも、すでに論じてきたように、シュペングラーは、覚醒存在（知性）を現存在（生命）より優位にあるべきものとは考えていないからだ。文化とは、覚醒存在と現存在とがバランスよく結合している状態である。覚醒存在が現存在に対して支配的になることは、むしろ文明の没落を意味するのである。

したがって、シュペングラーが男女の違いを強調し、男性をより覚醒存在的・知性的であり、女性をより現存在的・自然的であると論じていることに対して、フェミニストが目くじらを立てるのは、お門違いというものである。シュペングラーが尊重するのは、農民、文化、故郷といった現存在的なものである。であるならば、より尊重されるべきは、女性ということになるはずであろう。

ところで、シュペングラーは、歴史を覚醒存在と現存在の間の葛藤として描いたが、それと同じように、男性と女性の間の闘争が歴史のダイナミズムを生み出すとも論じている。

より現存在的な女性は、世代の永遠の継続を目指す。これに対して、覚醒存在的な男性は、生命を脅かすような政治へと走り、あまつさえ戦争へと向かう。その犠牲になるのは女性である。女性には、生命を軽んじ、世代の継続を脅かす男性のことが理解できない。

ここで男と女とにおいて歴史の二種が権力を争っている。女は強い、そうして徹頭徹尾女自体である。それが男と息子とを体験するのはただ自己と自己の使命とに関してだけである。男の本質のなかには分裂したものがある。男はこのものであるが、さらに他の何物かである。この何物かは女の理解もしなければ承認もしないもので、自己の最も神聖なものの奪略と暴力と感ずるところのものである。この両性間の秘密な根源的闘争は両性が存在して以来、暗々裡に激しく、和解もなく、容赦もなく、永遠につづく闘争である。（中略）そのゆえに女の軽蔑するものはこのもう一つの歴史、すなわち自己の理解せず、ただ自分から息子達を奪い去ることだけしか知らないところの男の政治である。無数の産褥《さんじょく》における勝利を無に帰せしめる輝かしい勝利の戦いは彼女にとって何であるか。男の歴史は女の歴史を犠牲に供する。[*37]

男性が女性に対して支配的になると、世代の継続が軽んじられる。それが少子化であるならば、少子化の原因は、「男性的なもの」すなわち「覚醒存在」の優位であるということになろう。我々が到達した「脱・近代的」社会とは、シュペングラーに言わせれば、男性優位の社会だということだ。

果たして、この説は正しいのであろうか。人口減少の原因を巡る議論は、現在もなお、百家争鳴の様相を呈しており、どれが正解であるのか俄かには判じ難い。

確かに、ヴァン・デ・カーのように、個人主義的な「脱・近代的価値」を少子化の要因とする説はある。しかし、その一方で、むしろ日本やドイツのような家族主義的な伝統が強い社会でより少子化が進み、北ヨーロッパ、イギリス、フランスなど個人主義的な社会の方が少子化を食い止めるのに成功したことを強調する議論もある。[*38] 少子化の原因は複合的であり、いずれの説も真理の一端には触れているということなのかもしれない。

しかし、もし少子化が、シュペングラーの言う通り、世界史上において不可避な「没落」現象の一側面なのだとしたら、政府がどのような対策を講じようが根本的な解決には至らないということになろう。

シュペングラーの説では、少子化は、覚醒存在の過剰による現存在の衰弱によって生じる。その同じ覚醒存在の過剰が、グローバル・シティの出現、あるいは金融部門や知識経済の肥大化をもたらしているのである。少子化とは、そうした文明の構造問題の一部である。つまり、一方で、グローバリゼーション、金融化、知識経済化を促進し、個人主義的価値観を推奨しておきながら、少子化だけは食い止められるといったように、そう都合よくはいかないということだ。

現に、少子化に悩む日本政府は、児童手当の拡充、育児休業の普及促進、保育サービスの拡充、働き方の見直し、あるいは男女共同参画の推進など、様々な施策を講じてきた。しかし、いずれも決め手を欠いている。

かつて、ローマ帝国において人口が大量かつ急激に減少した時も、「アウグスツスの絶望的な結婚立法および児童立法も、多量の養子も、蛮族出身の兵をたえ間なく荒廃した地方に移住せしめたことも、資力のない両親の子供を養育するためのネルワおよびトラヤヌスが出した莫大な扶養救恤金《きゅうじゅつきん》も、なんの役にも立たなかった」[*39]のであった。

＊1―柴山桂太『静かなる大恐慌』集英社新書、二〇一二年、第二章。
＊2―オズヴァルト・シュペングラー『人間と技術――生の哲学のために――』（以下、シュペングラー）富士書店、一九八六年、八九頁。
＊3―シュペングラーI (1989: p.41)
＊4―シュペングラーI (1989: p.45)
＊5―シュペングラーI (1989: p.42)
＊6―シュペングラーI (1989: p.42)
＊7―シュペングラーI (1989: p.42)
＊8―シュペングラーI (1989: pp.42-3)
＊9―シュペングラーII (1989: p.15)
＊10―シュペングラーII (1989: p.15)
＊11―シュペングラーII (1989: p.16)

＊12—シュペングラーII（1989: p.16）

＊13—シュペングラーII（1989: p.16）

＊14—シュペングラーII（1989: p.74）

＊15—シュペングラーII（1989: p.9）

＊16—シュペングラーII（1989: p.75）

＊17—シュペングラーII（1989: p.75）

＊18—シュペングラーII（1989: p.75）

＊19—サスキア・サッセン『グローバル・シティ——ニューヨーク・ロンドン・東京から世界を読む』筑摩書房、二〇〇八年。

＊20—Thor Berger and Carl Benedikt Frey, 'Technology Shocks and Urban Evolutions: Did the Computer Revolution Shift the Fortunes of U.S. Cities?,' *Regional Science and Urban Economics*, Vol. 57, 2016, pp. 38-45; ライアン・エイヴェント『デジタルエコノミーはいかにして道を誤るか——労働力余剰と人類の富』東洋経済新報社、二〇一七年、第七章。

＊21—Walter W. Powell and Kaisa Snellman, 'The Knowledge Economy,' *Annual Review of Sociology*, Vol. 30, 2004, pp.199-220.

＊22—シュペングラーII（1989: p.81）

＊23—シュペングラーII（1989: pp.80-1）

＊24—シュペングラーII（1989: p.82）

＊25—シュペングラーII（1989: p.86）

＊26—シュペングラーII（1989: p.88）

＊27—もっとも、当時のドイツに関しては、一八七一年の第二帝国の建国以来、人口の急増を経験していた。John Farrenkopf, *Prophet of Decline: Spengler on World History and Politics*, Louisiana University Press, 2001, p.131.

＊28—エマニュエル・トッド『世界の多様性——家族構造と近代性』藤原書店、二〇〇八年、第七章。

＊29—例えば、http://www.ipss.go.jp/syoushika/bunken/data/pdf/18811202.pdf

＊30—シュペングラーII（1989: p.86）

＊31—Dirk J. Van de Kaa, 'The Idea of a Second Demographic Transition in Industrialized Countries,' *Paper presented at the Sixth Welfare Policy Seminar of the National Institute of Population and Social Security,* Tokyo, Japan, 29 January 2002.

＊32—原俊彦「ドイツと日本における無子の増加——子どものいない社会へ?」第81回日本社会学会大会一般研究報告（3）♯1追加資料、六頁。

＊33—シュペングラーII（1989: p.86）

＊34—シュペングラーII（1989: p.87）

＊35—シュペングラーII（1989: p.87）

＊36—シュペングラーII（1989: p.271）

＊37—シュペングラーII（1989: p.272）

＊38—例えば、https://www.jstage.jst.go.jp/article/tits1996/9/7/9_7_14/_pdf

＊39—シュペングラーII（1989: p.88）

# 第三章　「ポスト・トゥルース」の政治とポピュリズム

## ポスト・トゥルース

オックスフォード大学出版局は「ワード・オブ・ザ・イヤー２０１６」に、「ポスト・トゥルース（脱・真理）」を選出した。

「ポスト・トゥルース」とは、「客観的事実よりも、感情や個人的信条の方が世論形成により大きな影響を及ぼす環境又はそれに関すること」と定義されている。[*1]

「ポスト・トゥルース」という用語が流行した背景には、言うまでもなく、二〇一六年のイギリスにおけるＥＵ（ヨーロッパ連合）からの離脱を巡る国民投票や、アメリカにおける大統領選の結果がある。イギリスの場合は、ＥＵ離脱派から発信されたフェイク・ニュース（偽情報）が投票結果に影響を与えたとされる。[*2]アメリカ大統領選においても、ドナルド・トランプ候補やその支持者たちは、対立候補であるヒラリー・クリントンを大量のフェイク・ニュースによって誹謗中傷し続けた。ある調査によれば、トランプの発言のうち、「真実」と「おおむね真実」をあわせても、二割にも満たなかった。[*3] にもかかわらず、大統領となったのはトランプである。

しかし、真実ではなく、劣情や偏見に訴えかけるフェイク・ニュースが世論を形成するようになっては、民主政治はその理想の通りには機能し得ない。「ポスト・トゥルース」がその年の言葉に選出された翌年の二〇一七年、ワシントン・ポスト紙は、一面の題字の下に「デモクラシーは暗闇の中で死ぬ（democracy dies in darkness）」というスローガンを掲げた。

EU離脱派やトランプの勝利は、いずれも新聞やテレビなど在来型のマスメディアにおける主流派の予想あるいは願望を裏切るものであった。また、フェイク・ニュースの多くは、在来型のマスメディアを通じてではなく、SNS（ソーシャル・ネットワーキング・サービス）をはじめとするソーシャル・メディアを通じて広く拡散した。こうしたことから、「ポスト・トゥルース」は、二十一世紀の高度情報化社会における新しい現象として注目を集めた。ワシントン・ポスト紙のスローガンには、ソーシャル・メディアという新たに登場した媒体に対する異議申し立てと、在来型の新聞こそが健全な民主主義の担い手であるという自負の意味が込められている。

しかし、シュペングラーは、ソーシャル・メディアが世に現れるより百年も前に「ポスト・

トゥルース」の時代を予言していたのである。

真理とは何か。大衆にとってはたえず読みそうして聞くところのものである。あわれなやつがどこかに坐って、「真理」を確定する根拠を集めるというのなら、集めるがいい。——それはかれだけの真理なのだ。事実界において影響と結果とだけが問題となるもう一つの真理、瞬間の世論の真理とは今日では新聞雑誌の産物である。新聞の欲するものが真理である。その指揮者は真理を生み出し、変え取り換える。新聞事業の三週間、それでいい。そうすると全世界は真理を知ったのである。*4

真理とみなされるのは、新聞雑誌が生み出した世論である。新聞雑誌が採り上げないものは、真理とはみなされない。「ポスト・トゥルース」の時代は、二十世紀初頭にすでに到来していた。しかも、当時の「ポスト・トゥルース」の主役は、ほかならぬ新聞であったのである。

ワシントン・ポスト紙にとっては皮肉なことだが、シュペングラーは、新聞が製造する世論が真理とみなされる状況を観て、デモクラシーの死を宣告している。

これはデモクラシーの終わりである。真理の世界においてすべてを法定するものが証明、

　であるならば、事実の世界においては、成功である。成功とは一つの現存在の流れが他の流れに勝つことを意味する。[*5]

「ポスト・トゥルース」も「デモクラシーは暗闇の中で死ぬ」も、西洋の没落の徴候として、一世紀以上も前に始まっていたのである。ソーシャル・メディアは、「ポスト・トゥルース」の政治を生み出したのではない。単にそれを悪化させただけなのである。

## ソーシャル・メディア

ロンドン大学准教授のウィリアム・デイヴィスは、「ポスト・トゥルース」の政治の問題は、情報技術の発達がもたらした「事実の過剰供給」つまり情報過多にあると論じている。

情報源や統計手法があまりに数多くなり、膨大かつ多様な情報が玉石混淆のまま、流され続けるようになった。また、スマートフォン、ソーシャル・メディア、eコマース、あるいはセンサー機器などの発達により、膨大なデータ（ビッグ・データ）を迅速に収集し、解析し、その結果を提供することができるようになった。もっとも、データというものは、事実の一端を数的に表現するものではあっても、事実のすべてではない。ところが、そのデータが事実そのものと混同されるようになったため、事実を認識することが次第に困難になっている。こうして、真理が見失われがちになるのである。[*6]

情報、とりわけデータの「量」が、「ポスト・トゥルース」の政治をもたらしたというわけであるが、それもシュペングラーが予告したことであった。「人が人に語るのではない。新聞雑誌ならびに電報通信は、すべての国民、すべての大陸を、毎日毎日、毎年毎年、文章、標語、立場、情景、感情の耳を聾《ろう》する連続速射のもとにおいている。そこでどの『我』も大きな知的何物かのたんなる機能になってしまう」[*7]。

ただし、ここでシュペングラーは、「新聞雑誌ならびに電報通信」は、「人が人に語るのではない」と述べている。百年前のメディアは、確かに一方的な情報供給であり、個人と個人の双方向のコミュニケーションではなかった。

これに対して、現代のSNSは、「人が人に語る」ことを実現しているという点が画期的であり、従来の新聞雑誌とは大きく異なるところであると評価されている。では、政治に対する影響力という点で、SNSは従来のマスメディアとは違うのであろうか。

SNSの社会的影響力、就中《なかんずく》、政治的動員力についての研究はまだ少ないが、二〇一〇年のアメリカ議会選挙において、六一〇〇万人のフェイスブック・ユーザーを対象にして行われた調査研究によれば、フェイスブックを通じたメッセージは、政治的な意見や投票行動などに直接的な影響を与えていた。しかも、そのメッセージは、それを受け取ったユーザーのみならず、ユーザーの友人やそのまた友人にも、影響を及ぼしていたというのである。[*8]

SNSは、人と人とのつながりを可能にする革新的なメディアとして登場したが、社会的影響力や政治的動員力が大きいという点においては、従来のマスメディアと同様なのである。

近年、SNSがポピュリズム（大衆煽動政治）の媒介になるという新しい現象に注目が集まっている。

ある研究によれば、二〇一五～二〇一七年におけるフランス、ドイツ、イタリア、スペインのポピュリストの政党や運動のフェイスブック上の動向を調査したところ、フランス（マリーヌ・ルペン、ジャン＝リュック・メランション）、ドイツ（AfD）、イタリア（五つ星運動）において、ファンの増加や交流の活発化が見られたという。[*9]

もっとも、SNSが大衆煽動政治と結びつくというのは最近の現象かもしれないが、マスメディアによる大衆煽動政治自体は、マスメディアの歴史と同じくらい、古くからあるものである。

シュペングラーは、この大衆煽動政治に、没落の徴候を嗅ぎ取っていた。

……煽動政治、これは内的にはアンシァン・レジームの外交と全然同一なものであるが、ただ公侯と大使とに応用される代りに大衆に応用され、選ばれた知識人に応用されるかわりに粗雑な世論、気分、意志の迸溢に応用されたもので、昔の室楽でなく管楽器合奏である。この煽動政治のあらゆる方法は、その最も無為なものであってさえも、正直なしかし実際的な民主主義者の仕あげたものであって、伝統の政党はただこれをかれらから学んだにすぎなかったのである。[*10]

このようなマスメディアを通じた大衆煽動政治は、日本でも枚挙にいとまがない。とりわけ日本経済の没落が始まった一九九〇年代初頭から、日本の政治は、マスメディアによる大衆煽動によって大きく動かされるようになった。

一九九三年、総選挙の結果、細川護熙《もりひろ》政権が成立し、自由民主党は政権を失ったが、その後、テレビ朝日報道局長（当時）の椿貞良が非自民政権を成立させようという趣旨の発言を行っていたことが明らかとなり、マスメディアによる世論誘導が問題となった。もっとも、当の細川政権は、一年ほどで瓦解し、その後の長期に及ぶ日本政治の不安定化の端緒となった。

また、二〇〇五年、小泉純一郎政権が郵政民営化を実行するために行った、いわゆる郵政選挙においても、新聞・テレビといったマスメディアの大半は、政権に加担して郵政民営化を煽動した。

この時、小泉政権は郵政民営化を宣伝するために、スリード社という広告代理店を使ったが、後に、同社の露骨な世論誘導戦略を示す企画書が明るみになって、問題となった。

その企画書には、社会的立場を分類する表が掲げられており、表の縦軸はＩＱ（知能指数）、横軸は構造改革に対する姿勢を示すものとなっている。同表では、ＩＱが高く、構造改革に積極的な立場はＡ層、ＩＱが低く、構造改革に積極的な立場はＢ層、ＩＱが高く、構造改革に消極的な立場はＣ層、ＩＱが低く、構造改革に消極的な立場はＤ層と分類されている。

このうち、小泉政権の支持基盤は、Ｂ層として位置づけられ、こう書かれている。

「・主婦層＆子供を中心
・シルバー層
具体的なことはわからないが、小泉総理のキャラクターを支持する層
内閣閣僚を支持する層」
この企画書は、郵政民営化への支持を拡大するために、「Ｂ層にフォーカスした、徹底したラーニングプロモーションが必要と考える」と提言するのだが、驚くべきは、Ｂ層について「最も重要な点は、郵政の現状サービスへの満足度が極めて高いこと」と記している点である。[*11]
要するに、これは、郵政改革の必要性を何ら感じていない大衆に対して、郵政民営化を支持するように煽動する戦略なのである。実際、Ｂ層に分類された大衆は、この企画書の戦略通りに郵政民営化を支持し、小泉政権の勝利に熱狂した。

シュペングラーは言う。

……読者群と全国民とは金によって、敵意ある忠順から切り離され、自己の思想訓育のもとにおかれようとしている。この訓育においてかれらはその知らなければならないことだけを経験し、そうしてそれ以上の意志がかれらの世界の像を形成する。もはやバロック時代の公爵のように、その臣下に軍務の義務を課する必要はない。かれらの知性は論文、電報、挿絵によってむちうたれ——ノースクリフ——ついにかれらは武器を要求し、そうしてその首領等を、その首領等の強制されることを欲した戦闘に強制するのである。[*12]

スリード社の企画書には、B層に対する「徹底したラーニングプロモーションが必要」とあったが、これは要するに、シュペングラーが言及した「思想訓育」を施すということである。このラーニングプロモーションの結果、B層は「その知らなければならないことだけ」（郵政民営化のメリットとされるものだけ）を知らされ、その結果、「それ以上の意志」（小泉政権）は構造改革というB層の「世界の像」を形成することに成功した。その上で、「首領」（小泉純一郎）は、「その首領等の強制されることを欲した戦闘」（郵政選挙）を行うべく、解散に打って出たというわけだ。

しかも、ラーニングプロモーションによってB層に知らされた郵政民営化のメリットは、事実ではなかった。当時の郵政民営化担当大臣の竹中平蔵は、郵政民営化のメリットとして、

①三五〇兆円という膨大な貯金・簡保資金が、「官」のおカネから「民」のおカネになっていくこと

②全国津々浦々の郵便局窓口がもっと便利になること

③国家公務員を三割削減し、小さな政府を実現すること

④「見えない国民負担」が最小化されること

を挙げていたが、いずれも実現しなかった。単に実現しなかったというだけではなく、最初から事実でないことは明らかだったのである。

例えば、郵便貯金は二〇〇一年にすでに財政投融資から完全に切り離され、自主運用されていた。また、郵政に従事していた職員の給与は郵政事業の収益から出ており、税金は投入されていなかった。しかも、日本の公務員数は中央・地方を合わせても、一〇〇〇人あたり三八人程度であり、これはアメリカの半分以下である。一般政府支出の対GDP比も、日本は先進国中では低い部類に属する。日本はすでに「小さな政府」を実現していたのである。[*13]

しかも、ジャーナリストの田原総一朗の証言によれば、郵政民営化担当大臣に任命された当時の竹中は、実は郵政民営化は必要ないということを知っていた。[*14] もしそうだとすると、竹中

は、単に政策や事実認識を誤ったというのではなく、意図的にフェイク・ニュースを流したということになる。ところが、呆れたことに、竹中の告白を聞いたはずの田原は、テレビで郵政民営化を煽りに煽ったのであった。

いずれにせよ、少なくとも、当時の新聞やテレビはこぞって郵政民営化を煽動し、事実関係の確認や検証を怠り、郵政民営化に反対した人々の主張を公平に扱おうとはしなかった。小泉政権の政治とは、まさに「ポスト・トゥルース」の政治の先駆だったのである。しかし、日本の大衆はそのような政治を熱狂的に歓迎し、今もなお、高く評価する者は少なくない。

このような政府や政党によるプロモーション戦略やマスメディアによる「ポスト・トゥルース」の大衆煽動は、二〇〇九年のいわゆる政権交代選挙による民主党政権の成立や、二〇一五年の大阪都構想を巡る住民投票においても、行われた。

二〇〇九年の政権交代選挙では、当時の民主党が掲げたマニフェスト（公約）の主要項目が実現困難、あるいは事実に反するものであったことは、政権交代後、すぐに明らかになった。例えば、〇九年のマニフェストでは、政府の総予算を組み替えて一六・八兆円の財源を捻出するとしていたが、事業仕分けによって生み出された財源は、わずか三〇〇〇億円程度に過ぎなかった。この予算捻出の非現実性については、〇九年の選挙期間中、自民党は再三批判したのだが、大手マスメディアはひたすら民主党による政権交代を煽り続けたのである。

また、大阪都構想を巡る住民投票の際にも、大阪維新の会の主張には、事実とは異なるものが少なからず含まれていた。[*15] しかも、適菜収によれば、大阪都構想を提唱した橋下徹大阪市長(当時)は、確信犯的に虚偽を述べていたという。[*16]

しかし、大阪都構想のフェイク・ニュースに関する批判や検証は、新聞やテレビといった主要なマスメディアでは、ほとんど報じられず、大阪市民にはほとんど知らされなかったと言ってよい。シュペングラーに言われるまでもなく、「これはデモクラシーの終わりである」。

要するに、一九九〇年代初頭から現在に至る一連の改革騒動は、いずれも大衆煽動政治あるいは「ポスト・トゥルース」の政治に過ぎなかったのである。そして、この四半世紀に及ぶ改革騒動の間、数々の政治的変動や制度・統治機構の改革にもかかわらず、いやむしろ、それゆえに日本は政治的にも経済的にも凋落《ちょうらく》の一途を辿ってきた。日本が、シュペングラーの予言した没落の運命に入っているのは明白であろう。

さらに今後は、日本でも、欧米のように、ソーシャル・メディアを通じた新手の大衆煽動政治が顕著になっていくものと思われる。つまり、もっと没落していくだろうということだ。

## 新たな破壊兵器

グローバリゼーションの進展にせよ、ソーシャル・メディアの発達にせよ、多くの現代人は文明の進歩とみなして歓迎していた。しかし、これらはいずれも、シュペングラーによって、没落の徴候として予告されていた現象であった。

しかも、グローバリゼーションとソーシャル・メディアという二つの没落の徴候は、最近、ついに結びついて、恐るべき事態を引き起こした。それは、国内の民主政治が、ソーシャル・メディアを通じて外国から干渉を受けるという事態である。

二〇一七年、ロシア政府が前年のアメリカ大統領選の結果に影響を与えるべく関与したという疑惑が浮上した。その中で、ロシア政府がソーシャル・メディアを利用した可能性が指摘されたのである。

実際、フェイスブック社は、二〇一七年五月までの二年間で合計約一〇万ドルに相当する約三千件の広告が掲載されたことを明らかにした。その内容は、移民制度や人種、権利の平等などに関するもので、利用者を誘導する仕組みになっており、そこにロシア政府の関与が疑われているのである。[*17]

また同社は、二〇一五年六月から二〇一七年八月にかけて、すなわち二〇一六年のアメリカ大統領選の最中に、八万件の投稿が、ロシア政府と関係のあるロシア企業によって掲載されたことも明らかにした。このロシア発の政治的な広告には、二年間で約一億二六〇〇万人のアメリカ人ユーザーが接したという。また、グーグル社も、ロシアのいわゆる「荒らし」アカウントがYouTubeで千本以上の動画を投稿していたと発表している。[*18]

言うまでもなく、ロシアは、自国に有利になるように、国家戦略として、アメリカの大統領選に干渉しているのである。いや、それだけではない。「ポスト・トゥルース」の政治によって、アメリカの国内社会を分断し、内部対立を煽り、さらには民主主義を死に至らしめようとしているのである。

ソーシャル・メディアを通じて流される言葉は、民主国家を徹底的に破壊する強力な兵器のひとつとなったのである。これは、グローバリゼーションと情報化の時代の新たな戦争形態と言ってもよい。

シュペングラーは、言う。

火薬と印刷とはともにゴシックの全盛期に発明され、ともにゲルマン的技術思考から生じたもので、ファウスト的遠距離戦術の二個の大きな手段として一体をなしている。宗教改革は後期時代の初めに最初のビラと野砲とを見、フランス革命は文明の初めに一七八八年、秋の最初のパンフレットの嵐とヴァルミイにおいて最初の砲兵の集中砲火を見た。しかしこれとともに大量に生産されて無限の地域に撒布された印刷した言葉は、これを用いることを知っているものの手中にあっては、不気味な武器となった。[*19]

シュペングラーの歴史観によれば、火薬と印刷は、ファウスト的「文化」の成果であり、砲兵の集中砲火とパンフレットは、ファウスト的「文明」の産物である。そして、大量に印刷されたパンフレットの言葉は、集中砲火同様、敵国を破壊する武器となった。この伝で言うと、戦闘機と共に登場したラジオや、大陸間弾道ミサイルとともに登場したテレビなどは、さしずめ後期ファウスト的文明の武器といったところであろう。

とすると、ソーシャル・メディアを通じたフェイク・ニュースは、没落したファウスト的文明のなれの果てに現れた最終破壊兵器ということになるのであろうか。

ただし、今一度、確認的に言えば、破壊的なフェイク・ニュースを発信するのは、ソーシャル・メディアに限ったことではない。既存のマスメディアも同じである。例えば、二〇一四年、朝日新聞は、従軍慰安婦の強制連行に関する記事が誤りであったことを認めたが、この新聞によるフェイク・ニュースが、どれだけ日本の国際的な立場を悪化させ、国内社会を分断させたか、計り知れない。

## 自由の独裁

ソーシャル・メディアは、「ポスト・トゥルース」の政治を生んだのではなく、ただ、大きく育てたに過ぎない。「ポスト・トゥルース」の政治は、従来型のマスメディアの下で、すでに百年以上も前から存在し、シュペングラーによって西洋の没落の徴候として認められていたのである。

昨今の「ポスト・トゥルース」の政治が蔓延した原因として、ソーシャル・メディアに加えて、エリートに対する人々の不信が挙げられる。[*20]

イギリスの「エコノミスト」誌は次のように書いているが、これは、おそらく正しい。

「(「ポスト・トゥルース」の政治の原因の) ひとつは、怒りである。多くの有権者が見捨てられ、置いて行かれたと感じる一方、責めを負うべきエリートたちはいい思いをしている。有権者たちは、ユーロは生活を良くするとか、サダム・フセインは大量破壊兵器をもっていると言っていた自己中心的な専門家たちを軽蔑している。西洋諸国のどこの民主政治においても、専門家の意見や権威ある機関への人々の信頼は、地に堕ちているのである[*21]」

つまり、「ポスト・トゥルース」の政治は、従来型のマスメディアの下でも行われていたというだけではない。大衆は、従来型のマスメディアやそれを通じて発言するエリートたちのフェイク・ニュースに気づき、強い不信感を抱くようになっていたのである。そこで、大衆は、エリートたちや従来型のマスメディアに代わる新たな情報源を求めて、ソーシャル・メディアへと走った。

トランプをはじめとするいわゆるポピュリスト政治家たちは、既存の政治権力にとって代わるために、エリートたちに対する不信感にかられた大衆の拠り所となったソーシャル・メディアにつけ込んだというわけである。エリートたちと従来型のマスメディアは、ソーシャル・メディアを通じて流されるフェイク・ニュースに眉をひそめ、デモクラシーが死に至ると嘆いている。しかし、本をただせば、その原因をつくったのは、既存のエリートたちやマスメディアによる「ポスト・トゥルース」の政治である。

これについて、「ポスト・トゥルース」の政治の典型として挙げられる二〇一六年のイギリスのEU離脱とアメリカ大統領選を例にとってみよう。

主流派のエリートたちによれば、イギリスがEUを離脱するなどというのは馬鹿げたことなのであって、イギリスの有権者の過半数は、EU離脱派のポピュリスト政治家が流すフェイク・ニュースに惑わされたということになる。確かに、EU離脱派の主張にフェイク・ニュースがあったことは否めない。

では、EU残留派の主張については、どうだったのか。

例えば、EU残留派は、イギリスはEUから離脱すると単一市場から「閉め出される」ことになると警鐘を鳴らしてきた。しかし、EUに属しない国は単一市場から「閉め出される」というわけではない。確かに、共通域外関税を支払ったり、単一市場内のルールや規格に従ったりしなければならないだろうが、単にそれだけだ。例えば、米国、中国、日本はEUに属していないが、単一市場から「閉め出されている」などとは主張しないだろう。

また、イギリス経済は、その八割以上が、内需及びEU以外への輸出で占められており、EU向けの輸出はGDPの一五％程度に過ぎなかった。しかも、イギリスの対EU貿易収支は赤字であり、他のEU加盟国にとってイギリスは最大の輸出先であった。仮にイギリスが単一市場から「閉め出された」としたら、それによって困るのは、イギリスという輸出先を失ったヨーロッパ大陸の企業の方である。

そもそも、イギリスにとって単一市場へのアクセスにどんなメリットがあったのかすら、はっきりしない。

イギリスがEUの前身であるEC（ヨーロッパ共同体）に加盟したのは一九七三年であるが、その年から四十年間で、イギリスの商品輸出のEU加盟十四カ国（イギリスと二〇〇四年以降の加盟国を除く）向けのシェアは二％低下した。ところが、イギリスが加盟する前の一九六〇年から一九七二年の間では、同じ十四カ国向けのシェアは一二％も増えていたのである。また、単一市場が発足した一九九三年から二〇一一年までの間、単一市場に属さない国の多くが、イギリスよりも単一市場への輸出を伸ばしていた。[*22]

イギリスは、単一市場にアクセスすることでメリットを得ていたというわけではなかったのである。EU残留派は、EU離脱派のポピュリスト政治家が流したフェイク・ニュースを批判していたが、彼らも批判できるような立場にはなかったというわけである。

また、EU離脱派は、離脱のメリットとして「移民と国境の管理」を挙げていた。その主張は、マスメディアの主流派によって「排外主義」「極右」と評された。しかし、イギリスでは、二〇〇八年から五年間で主に東ヨーロッパの低賃金労働者が移民として流入し続け、その純増数は二〇一五年に三三万人を超えていた。その間、イギリスの労働者の実質賃金は八％も低下したのである。この実質賃金の低下に、低賃金労働者である移民の急増が寄与していることは明らかだ。

EU離脱派の主張は、労働者の立場から見れば経済合理的な根拠に基づくものだったのである。それを、単なる排外主義に煽られたフェイク・ニュースであるかのように仕立てたのは、従来型のマスメディアの方である。これでは、イギリスの労働者たちが従来型のマスメディアに不信感を抱き、代替となるソーシャル・メディアに真実を求めようとするのも当然であろう。

次に、二〇一六年のアメリカの大統領選の事例を検証してみよう。

大統領選のキャンペーン中、トランプ候補は、移民の流入や自由貿易がアメリカの労働者に打撃を与えていると主張し、NAFTA（北米自由貿易協定）の見直し、TPP（環太平洋経済連携協定）からの離脱、移民の制限、国境調整税の創設などを提唱した。その保護主義的な主張は、彼の過激な排外主義的レトリックや明らかなフェイク・ニュースとあいまって、従来型のマスメディアやエリートたちから激しく批判された。

しかし、トランプの保護主義的な主張には、根拠となる事実もあった。

例えば、二〇〇一年に中国がWTOに加盟して以降、中国からの輸入や中国への企業や事業の移転（オフショアリング）の増加によって、アメリカ経済が大きな打撃を受けたことが、複数の研究論文によって明らかとなっている。[*23]

そうした研究論文の一つは、一九九九年から二〇一一年の間の中国からの輸入によって、アメリカの雇用は二〇〇万人から二四〇万人ほど失われたと推計している。[*24] この論文の執筆者の一人であるデイヴィッド・オーターは、アメリカの雇用を守るための対策として、国境調整税や製造業を振興する産業政策を提案している。オーターは実証研究を重視する真摯な経済学者であるが、彼の提案は、トランプも大統領選において主張した政策である。[*25]

また、一九九四年にアメリカ、カナダ、メキシコの間で発効したNAFTAは、三カ国間の資本移動の自由、多国籍企業による無制限の投資、貿易自由化を実現した。しかし、その結果、メキシコの農業がアメリカからの安価なトウモロコシの流入により壊滅し、困窮したメキシコ人たちは不法移民としてアメリカに流入し、低賃金の労働力となった。それは、当然にして、アメリカの労働者たちの実質賃金を抑制する効果をもたらした。[*26]

ＴＰＰについて言えば、政府や国際機関は、その発効から十年後にＴＰＰ参加国のＧＤＰは緩やかに上昇するという試算を示して、ＴＰＰへの参加を正当化した。その際、用いられたのが、「応用一般均衡モデル」（ＣＧＥモデル）という経済モデルであった。

しかし、このＣＧＥモデルは、貿易自由化の結果、ある産業部門において失われた雇用があったとしても、それは瞬時に別の産業部門における雇用によって置き換わるので、失業は生じないという非現実的な仮定の上に立っていた。このため、ＣＧＥモデルによる試算は実際より過大なものとなる傾向にあるという欠陥があった。

そこで、タフツ大学のある研究者たちが、ＴＰＰの経済効果について、雇用に対する悪影響など、より現実的な仮定を置いた上で改めて試算した。するとＴＰＰの発効から十年後のアメリカと日本のＧＤＰはそれぞれ〇・五四％と〇・一二％ほど減少すると試算された。また、ＴＰＰ参加国全体で七七万一〇〇〇人の雇用が失われ、うちアメリカでは四四万八〇〇〇人の雇用が失われるという計算結果となったのである。[*27]

このＣＧＥモデルの非現実的な仮定とその問題点について、経済学者たちが知らなかったはずはない。知っていながら、ＴＰＰを正当化するために、ＣＧＥモデルによるＴＰＰの経済効果を流布させたのだとすれば、それは、フェイク・ニュースだったということになる。もっと言えば、自由貿易論自体が、フェイク・ニュースである。[*28]

ところが、自由貿易に不都合な事実がこれだけ明らかになっているというのに、エリートたちやマスメディアから、自由貿易体制を修正しようという声はほとんど聞こえない。自由貿易論に対する反省すら乏しい。それどころか、二〇一七年五月のG7の首脳宣言には、「保護主義と闘う」と明記される始末である。「ポスト・トゥルース」の政治とは、まさにこのことではないか。

ここで、次のような疑問が生じるかもしれない。

もし、自由貿易のメリットが事実ではないというのなら、なぜそのような認識が一般に広まらないのであろうか。現代の先進国では、言論の自由が保障されているはずである。新聞もテレビも、検閲によって自由貿易論を批判できないというわけではあるまい。自由貿易を批判する書籍も、必ずしも多くないとは言え、出版されてはいる。にもかかわらず、自由貿易という「ポスト・トゥルース」が幅を利かせることができるのは、何ゆえか。

この問いに対して、シュペングラーは、こう答えている。

……自由主義的市民感情は最後の制限なる検閲を廃止したことを誇っている。しかるに新聞雑誌の独裁者——ノースクリフ——は読者という奴隷群を自己の社説、電報、挿絵の鞭の下においている。デモクラシーは新聞によって民衆群の生活から完全に書物を押し出してしまった。思想をして選択と批評とをさせる豊富な立場のある書物界は、少数のものだけの真の所有にすぎない。民衆は一つの新聞、自己の新聞を読む。これは数百万部ずつ毎日すべての家に配達され、朝から知能を自己の軌道に引きこみ、その付録で書物を忘却させ、そうしてそれでも一冊か二冊かが視界のなかに現われると、先き回り（ママ）した批評でその影響を取り除いてしまう。[*29]

確かに、書物を読めば、マスメディアが報じないような事実や主張も含め、様々な情報や知識を手に入れることができる。出版の自由の恩恵であろう。しかし、書物などを読むのは、しょせんは少数に過ぎない。一般大衆は書物をあまり読まず、彼らの目に触れる情報はマスメディアから供給されるものが大半を占める。

しかも、マスメディアは、書籍よりもはるかに大量に情報を供給できる力をもつ。したがって、マスメディアが自分たちに不都合な事実を記した書物を大衆が読まないように、先回りをして排除することもできる。例えば、シュペングラーが言うように、その書物に対する否定的な書評を掲載すればよいのである。

その細やかな一例を挙げれば、二〇一一年、ＴＰＰ交渉への参加の是非が論争になる中、筆者は『ＴＰＰ亡国論』を著し、反対の論陣を張った。すると、同年十一月、ＴＰＰ交渉への参加を社説とする日本経済新聞社の週刊誌「日経ビジネス」は、表紙に「ＴＰＰ亡国論のウソ」と大々的に書いた特集号を発行した。ところが奇妙なことに、同誌には、その表紙の言葉にもかかわらず、拙著に対する批判どころか、言及すらなかったのである。おそらく、同誌の目的は、拙著に対する真摯な批判にあったのではなく、「ＴＰＰ亡国論のウソ」と書かれた冊子を大量に撒布することで、人びとを拙著から遠ざけることにあったのであろう。

もっとも、そのように手の込んだことをしなくとも、より効果的な方法がある。それは、「黙殺」である。

……かつて人は自由に考えることをあえてする必要はなかった。今やそうすべきである。しかももはやそうできない。人は欲すべしとされたことを考えようと思うだけである。そうしてこれこそ自由と感ぜられるものである。

そうしてこの後期自由に他の側面がある。何人にも欲することをいうのが許されている。しかしそれに注意するとしないとは、新聞の自由である。新聞はいかなる「真理」もこれを世間に伝えないことによって、死刑に処することができる。おそるべき黙殺という検閲である。（中略）スコラ哲学の時代は世界歴史において、意欲された統一に反する一切の文書、演説、思想があらゆる国にわたって現われるのを許さない知的訓育の唯一の例を示している。これは知的動力学である。ギリシャ・ローマ、インド、中国の人間はこの劇を見て驚くであろう。しかしこのことはヨーロッパ・アメリカ自由主義の必然的結果として再現される。ロベスピエールのいった通りである。曰く「専制主義に対する自由の独裁」と。火刑の薪のかわりに偉大な黙殺である。[*30]

マスメディアには、報道する自由があるが、報道しない自由もある。新聞社やテレビ局にとって不都合な真実や意に反する主張は報じなければよい。マスメディアは報道しない自由の権利を行使することで、もっと有り体に言えば「黙殺」することで、実質的に「検閲」と同じことが実行できる。郵政民営化やＴＰＰに反対した人々は、マスメディアによる「黙殺」によって、死刑に処せられたのである。

ソーシャル・メディアは、虚偽を伝播することで「ポスト・トゥルース」の政治に貢献した。しかし、既存のマスメディアもまた、真実を報じないことで「ポスト・トゥルース」の政治を実現していたのである。「新聞はいかなる『真理』もこれを世間に伝えないことによって、死刑に処することができる」。これこそが、「自由の独裁」である。

このことが意味するのは、言論の自由や知る権利があるとか、政府による検閲が禁止されているとかいった、形式的な自由権の保障があっただけでは、実質的な自由、真の意味での自由は実現し得ないということである。権利や正義といった形式的・抽象的なルールだけでは、「自由の独裁」を防ぐことはできないのだ。ここに、現代のリベラリズムの限界がある。
リベラル・デモクラシーについて、シュペングラーは、こう言っている。

……これらの諸形態はすべて封建制度のように自然に成長したのではなく考え出されたのであり、そのうえ人間と事物との深い知識にもとづいているのでなく、権利と正義との抽象的観念にもとづいているのであるから、法の精神とこの法の圧力のもとに静かに形成され、そうしてこの法を現実生活の拍子に適合させまたは遠ざけておく実際的習慣との間に深淵が開かれるのである。ただ経験だけがそうして全発展の終わりにおいて初めて、民衆の権利と民衆の勢力とが別個のものであるということを教わったのである。選挙権が拡張されるにしたがって選挙者の力が縮小されてくる。[*31]

一般国民には、言論の自由があり、知る権利があり、参政権もある。いずれも、法形式的には、保障されている。しかし、一般国民の生活は楽にはならず、将来に対する不安や疎外感が募るばかりである。にもかかわらず、自分たちの声を代弁してくれる者はエリートたちの中にはおらず、マスメディア上にも登場しない。その一方で、所得格差は拡大し、一部の富裕層がかつてない規模で富を蓄積している。リベラル・デモクラシーが掲げる権利と正義は、実際の国民生活において実現されていない。国民は「民衆の権利と民衆の勢力とが別個のものであるということ」を思い知らされる。

このような状況に陥れば、一般国民がエリートたちとマスメディアに不信を抱くのは当然である。かくして彼らは、真実を求めてポピュリストとソーシャル・メディアへと向かった。リベラル・デモクラシーを葬り去ったのは、既存のマスメディアとエリートたちだったのである。

## 政治とは何か

現代の我々が直面している「ポスト・トゥルース」の政治。それは、没落した文明の姿であり、デモクラシーの終わりである。シュペングラーの予言した通りである。

ところでシュペングラーは、そもそも政治というものについて、どのように考えていたのであろうか。彼の言葉に耳を傾けてみよう。「しかし政治とは何であるか。――可能なことの技術である。これは古い言葉である。そうしてそれでほとんどすべてをいいつくしている」[32]。

そう述べた後、シュペングラーは、政治家を植木屋になぞらえる。植木屋は、種を播き、水をやり、枝を切り、接木をして、植木を育てることはできる。しかし、植木のもつ本来の性質や形態を根本的に変えたり、その生長する速度や寿命を意のままに操作したりすることはできない。植木屋にできることは、その眼識で植木のもつ本質を見抜き、その熟達した技術によって、植木の可能性を最大限に引き出すことだけである。そして、政治には、植木と似たところがある。「**大政治家は民族の植木屋である**」[*33]。

つまり、植木が、植物という「現存在」を扱う技術であるのに対し、政治は、民族や国民といった「現存在」を扱う技術だということである。

もう少し、解説が必要かもしれない。

誰しも、ある時代、ある国、ある身分といった特定の環境という限界の中に生まれる。自らのもって生まれた人格や能力という限界もある。政治は、こうした諸々の限界の範囲内でしか、何かを実現することができないのである。優れた政治家というものは、自らに課せられた限界を見極め、その範囲の中で最大限の可能性を追求する者である。逆に、その範囲を見誤り、その限界を超えた理想を実現しようとするような政治家は、単なる夢想家であり、その政治は必ず失敗する。[*34]政治とは、特定の歴史的環境という「現存在」の拘束の中で営まれるのである。

> 人間的な現存在の流れを運動と見るときにはこれを歴史と称し、これを動かされたものと見るときには、種族、身分、民族、国民と称する。政治とはこの流れゆく現存在が自己を主張し、成長し、他の生命の流れに打ち勝つ方法である。生命の全体は政治である。[*35]

シュペングラーが政治を「現存在」あるいは「生命の全体」であると言う時、我々は前章で見た「現存在」と「覚醒存在」の区分を思い出さなければならない。「現存在」とは生命あるいは生活の全体を指す。これに対して「覚醒存在」とは、知能であり、知性である。

政治が「現存在」であるということは、政治を理論や理念のような「覚醒存在」によって操作することはできない、あるいは望ましくないということを含意する。シュペングラーは、理想、理論体系、法則あるいは政治綱領といったもの、要するにイデオロギーによって政治を支配しようとすることを極度に嫌っていた。政治は、本来あくまでも「現存在」の冷厳な事実に処するものだからである。

> しかし歴史的現実においては理想はなく、ただ事実があるだけである。理由もなく、正義もなく、和解もなく、最終目的もない。あるものはただ事実だけである。――このことを把握しないものは、政治について書物を書くがいい、しかし政治をしてはならない。[*36]

では、理論、原則、綱領あるいは理念といった「知性」によらずして、どのようにして政治をするというのか。それは、政治家の実践経験から育まれた「眼識」によるのである。

政治はどうしてなされるか。――生まれながらの政治家はとくに通熟しているものであり、人間、形勢、事物に通じているものである。かれの有している「眼」は躊躇するところなく、曲げることなく可能なことの範囲を包括する眼である。馬通は一目で動物の態度を調べ、そうして競走でどんな見こみがあるかを知る。競技者は相手に一瞥をくれて次の手を知る。それと「知る」ことなく、正しいことをおこなうこと、知らず識らずのうちに手綱を弛めまたは引きしめる手、――これは理論的な人間の才能の正反対なものである。[*37]

ここで思い出されるのが、イギリスの政治哲学者マイケル・オークショットによる「技術知(technical knowledge)」と「実践知(practical knowledge)」の区分である。

「技術知」とは、書物から学び、暗記でき、機械的に当てはめられるような理論的・体系的な知識のことである。これに対して、「実践知」とは、あくまでも実践の中にのみ存在し、経験を通じてのみ体得できるような類の知識であり、それを伝えるには、師匠が弟子に常に接し続け、実践を繰り返させるしかないような知識のことである。例えば、ピアノの演奏法や将棋の指し方などは、テキストからだけで学べるものではなく、師匠の下で鍛錬を積むことが必要であろう。こうして体得されるのが「実践知」である。

人間は、特定の社会に属さざるを得ない存在である。人間は、自らが属する社会の慣習や伝統を引き継ぐことで自己を形成している。したがって、人間の知識には、「技術知」だけではなく、社会の中で生活経験を積むうちに暗黙のうちに身につけた「実践知」も多分に含まれている。

「技術知」とは、人間の知識全体のごく一部を占める、表面的で狭隘《きょうあい》な知識に過ぎないのである。ピアノ演奏や将棋のテキストを読むだけでは上達を望めないのは、テキストから学ぶことができるのが「技術知」だけだからである。

オークショットは、政治もまた、理論や教義として書かれた「技術知」ではなく、伝統や慣習に含まれる「実践知」によって行わなければならないと論じた。すなわち、政治は、イデオロギーではなく伝統的な振る舞いに従うべきであり、「破壊と創造の政治（politics of destruction and creation）」ではなく「修繕の政治（politics of repair）」に徹するべきであり、意識的な計画ではなく無意識的・自生的に成長した秩序を重視すべきである。*38

これこそ、まさに保守思想の根幹をなす主張である。オークショットの保守思想とは、「技術知」と「実践知」という認識論から導かれているのである。保守思想が伝統の保守を重視するのは、伝統こそが実践知の母胎であるからだ。破壊だの革命だの創造だの創生だのを掲げるような政治は、保守から最もほど遠い代物である。

ここでオークショットが「技術知」と呼んだものが、シュペングラーが「覚醒存在」と呼んだものと同じであることは、明らかであろう。そして、「実践知」とは、シュペングラーが「眼識」と表現したもののことにほかならない。「実践知」あるいは「眼識」を身につけるということは、実践経験を通じて「現存在」に通暁するということである。

オークショットは、ルネサンス期以降、すなわち近代ヨーロッパの政治が「技術知」偏重に陥っていることを指摘し、それを「政治における合理主義」と呼んで批判した。シュペングラーもまた、覚醒存在が政治を支配するようになった時期を、大都市化と市民階級が勃興した近代と結びつけている。「そのときまでは政治的形式は成熟したが、今は創造されなければならない。政治は覚醒存在し、理解されるばかりでなく、概念化される。血と伝統とに逆らって知性と貨幣との力がたちあがる。有機的なものにかわって組織されたものが登場し、身分にかわって政党が登場する[*39]」。

これこそまさに、「政治における合理主義」の時代の到来である。「われわれの時代は理性の万能力に無限の信頼をおく時代である。自由、権利、人道、進歩等の一般的大概念は神聖である。大理論は福音である。その説得力は理由にもとづくものではなく（というのは政党の大衆は批判力もなければ、これを真剣に検査するだけの距離もないからである）、その標語の神聖な尊厳にもとづいている[*40]」。

だが、シュペングラーは、オークショットよりもさらに先の未来をみてしまっていたようである。それは、「政治における合理主義」の時代の次に来るものである。

シュペングラーは言う。政治が覚醒存在化する合理主義の時代の産物が、ルソーやマルクスの理論や理想である。それらの理想は、政党によって、大衆を煽動する権力手段として動員されたのだが、

……しかしながらこれら抽象的な理想の有する力は、二世紀――政党政治の世紀――以上には達しない。これらの理想はついにいわば論駁されないで退屈となる。ルソーはすでにそうなっているし、マルクスは近いうちにそうなるであろう。最後にこの理論とかあの理論とかが放棄されるのでなく、理論一般の信仰が、したがって不快な事実を概念の適用によって改善し得るという十八世紀の熱狂的な楽観論が放棄される。(中略)

理論の時代はわれわれの間でも終末に近づいている。これを見誤ってはならない。[*41]

オークショットが「政治における合理主義」を発表したのは一九四七年であるが、シュペングラーは、その約三十年前には、すでに合理主義すらも終末に近づいていると直観していた。では、合理主義が終焉した後には、何が来るのか。それこそが、これまで本章で論じてきた

「ポスト・トゥルース」の政治にほかならない。いや、これはもはや「政治」と呼ぶことすら憚られる。

＊1―https://en.oxforddictionaries.com/word-of-the-year/word-of-the-year-2016
＊2―例えば、ＥＵ離脱派の独立党党首ナイジェル・ファラージは、国民投票のキャンペーン中、イギリスがＥＵ加盟国に支払っている拠出金は週三億五〇〇〇万ポンド（約四八〇億円）に達すると主張していたが、国民投票後にその誤りを認めた。
＊3―http://www.politifact.com/personalities/donald-trump/
＊4―シュペングラーⅡ（1989: p.381）
＊5―シュペングラーⅡ（1989: p.383）
＊6―https://www.nytimes.com/2016/08/24/opinion/campaign-stops/the-age-of-post-truth-politics.html
＊7―シュペングラーⅡ（1989: p.381）
＊8―Robert M. Bond, *et al.*, 'A 61-million–person experiment in social influence and political mobilization,' *Nature*, Vol. 489, 13, September 2012, pp.295-8.
＊9―http://www.institutdelors.eu/media/socialnetworksandpopulism-ditrich-jdib-april17.pdf?pdf=ok; https://www.brookings.edu/blog/techtank/2017/04/28/why-are-populists-winning-online-social-media-reinforces-their-anti-establishment-message/

＊10—シュペングラーII (1989: p.376)

＊11—http://tetsu-chan.com/05-0622yuusei_rijikai2.pdf

＊12—シュペングラーII (1989: p.383)。なお、ノースクリフーとは、十九世紀末から二十世紀初頭にかけてのイギリスの大新聞社の経営者であり、新聞の大衆化に大きく貢献した人物である。

＊13—東谷暁『郵政崩壊とTPP』文春新書、二〇一二年、第一章。

＊14—東谷 (2012: pp.45-6)。田原の証言の出典は「サンデー毎日」(二〇一二年一月二十二日号)。

＊15—藤井聡『大阪都構想が日本を破壊する』文春新書、二〇一五年。

＊16—適菜収「潜入ルポ　これぞ戦後最大の詐欺である」藤井聡編『ブラック・デモクラシー——民主主義の罠』晶文社、二〇一五年。

＊17—http://www.bbc.com/news/technology-41182519

＊18—http://www.bbc.com/news/world-us-canada-41812369

＊19—シュペングラーII (1989: p.381)

＊20—https://www.brookings.edu/blog/techtank/2017/04/28/why-are-populists-winning-online-social-media-reinforces-their-anti-establishment-message/

＊21—https://www.economist.com/news/leaders/21706525-politicians-have-always-lied-does-it-matter-if-they-leave-truth-behind-entirely-art?fsrc=scn/tw/te/pe/ed/artofthelie

＊22—ロジャー・ブートル『欧州解体——ドイツ一極支配の恐怖』東洋経済新報社、二〇一五年、第九章。

＊23—David H. Autor, David Dorn, and Gordon H. Hanson, 'The China Syndrome: Local Labor Market Effects of

Import Competition in the United States,' *American Economic Review*, Vol. 103. No. 6, 2013, pp. 2121-68; Avraham Ebenstein, Ann Harrison and Margaret McMillan, 'Why are American Workers Getting Poorer ? China, Trade and Offshoring,' *NBER Working Paper* No. 21027, 2015.

＊24—Daron Acemoglu, David Autor, David Dorn, Gordon H. Hanson and Brendan Price, 'Import Competition and the Great US Employment Sag of the 2000s,' *Journal of Labor Economics*, Vol. 34, No. S1 (Part 2, January 2016), pp. S141-S198.

＊25—https://www.bloomberg.com/view/articles/2017-03-16/the-man-who-made-us-see-that-trade-isn-t-always-free

＊26—James Galbraith, *The Predator State: How Conservatives Abandoned the Free Market and Why Liberals Should Too*, Free Press, 2008: pp.80-1.

＊27—Jeronim Capaldo and Alex Izurieta with Jomo Kwame Sundaram, 'Trading Down: Unemployment, Inequality and Other Risks of the Trans-Pacific Partnership Agreement,' *GDAE Working Paper*, No. 16-01, January 2016.

＊28—中野剛志『自由貿易の罠——覚醒する保護主義』（青土社、二〇〇九年）、『反自由貿易論』（新潮新書、二〇一三年）。

＊29—シュペングラーII（1989: p.381）

＊30—シュペングラーII（1989: p.383）

＊31—シュペングラーII（1989: p.376）

＊32—シュペングラーII（1989: p.367）

＊33—シュペングラーII（1989: p.368）

＊34—シュペングラーII（1989: p.368）

＊35―シュペングラーII（1989: p.363）

＊36―シュペングラーII（1989: p.305）

＊37―シュペングラーII（1989: p.365）

＊38―Michael Oakeshott, 'Rationalism in Politics,' in Michael Oakeshott, *Rationalism in Politics and Other Essays*, Liberty Fund, 1991, pp.5-42.

＊39―シュペングラーII（1989: p.371）

＊40―シュペングラーII（1989: p.375）

＊41―シュペングラーII（1989: p.375）

# 第四章　リベラリズムの破綻

## ヨーロッパの自殺

「ヨーロッパは自殺しつつある。あるいは、少なくともその指導者たちは自殺することを決めた」

これは、ダグラス・マレーというイギリスのジャーナリストが著した*The Strange Death of Europe*（『ヨーロッパの奇妙な死』）という、いかにも『西洋の没落』を連想したくなるタイトルの本の書き出しである。

この書き出しの後、マレーは、次のように続けている。

「私が言っている意味は、ヨーロッパとして知られる文明が自殺の過程に入っており、イギリスであれ他の西ヨーロッパの国であれ、皆、同じ徴候と症状を示しているので、この運命からは逃れられないということだ。結果として、現在生きているヨーロッパ人のほとんどの寿命が終わるころには、ヨーロッパはヨーロッパではないものになり、ヨーロッパの人々は、世界の中で故郷と呼べる唯一の場所を失っていることであろう」[*1]

マレーの言う「ヨーロッパの自殺」とは、最近のヨーロッパへの移民・難民の大量流入のことを指す。マレーは、大量の非ヨーロッパ系移民を受け入れたことで、ヨーロッパはそのアイデンティティを失うと警告しているのだ。

移民の受け入れによって、ヨーロッパはヨーロッパではなくなってしまう。今日、このように論ずることは、特にヨーロッパのエリートたちの間では、タブー視されている。これまで、このタブーに触れた政治家や知識人は、いずれも差別論者・排外主義者として激しい非難を浴び、社会的地位を追われるという憂き目にあってきた。にもかかわらず、マレーは、このタブーに敢えて挑戦したのである。

もっとも、ヨーロッパの移民の受け入れ自体は、最近になって始まったことではない。一九五〇年代から六〇年代にかけて、西ドイツ（当時）、スウェーデン、オランダ、ベルギーは、労働者不足を補うため、一時的に、ゲストワーカーとして移民を受け入れていた。例えば、西ドイツは一九六一年、トルコとの間に協定を結んで、トルコからのゲストワーカーを受け入れた。この協定は一九七三年に廃されたが、トルコからの労働者の流入は続き、一九六一年から五十年間で四〇〇万人に達したという[*2]。

ヨーロッパに流入する移民は、二十世紀末から二十一世紀初頭にかけて、急増した。

例えば、イギリスでは、二〇一一年の国勢調査によると、ロンドン市民のうち、白人のイギリス人が占める割合は四五%を下回っている。また、人口に占めるキリスト教徒の割合は、過去十年間で七二%から五九%へと減少し、数にしておよそ四〇〇万人減っている。これに対して、イスラム教徒は、十年前の一五〇万人から二七〇万人に増えている。[*3] ピュー研究所によれば、二〇五〇年までに、イギリスのキリスト教徒は人口の三分の一にまで減少し、史上初めて少数派となるという。[*4]

あるいは、スウェーデンでは、一九九〇年時点の非ヨーロッパ系移民は人口の三%程度であったが、二〇一六年には一三～一四%にまで跳ね上がり、現在でも年率一～二%のペースで移民が増え続けている。スウェーデン第三の都市マルモでは、非スウェーデン人がすでに人口の半分を占めるに至っている。今後三十年以内に、スウェーデンの主要都市すべてでスウェーデン人は少数民族へと転じるという予測もある。[*5]

ヨーロッパ社会は少子高齢化が進んでいるが、非ヨーロッパ系あるいは非キリスト教系の移民の出生率は高い。その移民が大量に流入しているのである。そう考えると、ヨーロッパは、今から一世代後、つまり二十一世紀の半ばには、もはや現在のヨーロッパとはまったく異なる姿になっている可能性は、確かに高い。

しかし、ヨーロッパ各国の国民一般がこのような事態を望んでいたというわけではない。例えば、二〇一一年のイギリスの世論調査では、過去十年間の移民の増加を「良いこと」であると答えたのは一一％に過ぎず、六七％が「悪いこと」と答えていた。[*6] それにもかかわらず、ヨーロッパ各国の政府は、移民の受け入れを促進した。エリートたちが、国民の意志を無視する形で推し進めたのである。

ヨーロッパのエリートたちは、次のような口実で、移民政策を正当化してきた。曰く、移民は経済成長の原動力となり得る。社会が高齢化する中で豊かさを維持する上では不可欠である。グローバリゼーションという潮流の中で、国境を越えた労働者の移動を止めることはもはやできない。あるいは、移民の受け入れを拒否することは、寛容や多様性といった価値観に反するものだ、等々。[*7]

ヨーロッパ統合という理念もまた、移民政策を後押しした。例えば、現在、ヨーロッパの二十六カ国は「シェンゲン協定」を締結している。シェンゲン協定は、ヨーロッパのおよそ四億人がヨーロッパ域内でパスポートを見せなくても自由に国境を越えて移動することを認めたものであり、ヨーロッパの統合と協調を象徴するものとなった。

ヨーロッパの統合と協調という理想が掲げられた背景には、二十世紀前半に経験した二度の世界大戦がある。いずれの世界大戦も、国家同士が国境を巡って争った悲劇であった。もちろん、国境の存在が戦争の原因であったわけではない。第一次世界大戦はドイツの膨張主義など複雑な要因が絡んで引き起こされたものであり、第二次世界大戦もナチス・ドイツによる侵略が主たる原因である。しかし、二度の世界大戦のトラウマから、国境をなくせば、あるいは国民国家をなくせば、戦争のような国際政治的な悲劇もなくなるという幻想が抱かれるようになったのである。例えば、ジャン・クロード・ユンケル欧州委員長は、「国境とは、政治家による最悪の介入である」とまで発言している。[*8]

ヨーロッパの移民・難民問題において、決定的な転機となったのは、二〇一五年である。それ以前にも、二〇一一年の「アラブの春」以降、中東や北アフリカでは紛争が続き、多くの難民が発生して、ヨーロッパに流入しつつあった。しかし、二〇一五年八月、事態が急展開した。転機となったのは、ドイツのアンゲラ・メルケル首相が、外国人記者たちを前にして、難民の受け入れを力強く宣言したことだった。

そこで、メルケルは、こう言ったのである。「(ヨーロッパ全体が)動き、各国は保護を求める難民に対する責任を共有しなければならない。これまで、普遍的市民権はヨーロッパとその歴史と密接に結びついてきた。もし、ヨーロッパが難民問題に失敗したら、普遍的市民権との結びつきは破壊されるであろう。それは、私たちが想うヨーロッパの姿ではない」[*9]。そして彼女は、ドイツ国民に向けて「私たちはできる(Wir schaffen das)」と呼びかけた。

このメルケルによる大胆な門戸開放宣言を受けて、中東や北アフリカから大量の難民がヨーロッパに殺到した。二〇一〇年、ドイツに保護を申請した難民の数は四万八五八九人であった。それが五年後には、一年間で一五〇万人にまで許容されることとなったのである。[*10]

メルケルの門戸開放政策に対しては、マスメディアがその大胆な決断を称賛する一方で、ドイツ国内には懸念の声も当初は上がっていた。ところが、メルケルの宣言の直後に、海岸に打ち上げられた三歳になるシリア人の子供の遺体の写真が世界中のマスメディアに配信されると、門戸開放に反対する声はかき消されてしまった。門戸開放に反対することは、犠牲になった幼児に無関心であることと同じであるとみなされたのである。[*11]

犠牲になったシリア人の幼児の家族は、実際には、比較的安全であったトルコに住んでいた。そして、この家族のトルコからヨーロッパへの移住は、父親の選択によるものであって、国外脱出を余儀なくされたというわけではなかった。しかも、幼児の遺体が打ち上げられたのは、ヨーロッパではなくトルコの海岸だった。それにもかかわらず、そうした事実はほとんどかき消され、ヨーロッパ人たちは、ただただ、この一枚の写真から羞恥と罪の意識を覚えたのである。[*12]

これにより、ヨーロッパは、門戸開放へと舵を切ることとなった。難民の割り当てに抵抗していたイギリスの首相ですら、二万人のシリア難民の追加的な受け入れを表明した。メルケルに至っては、難民の受け入れに制限はないと宣言した。こうしてドイツは、二〇一六年だけで、六八万人もの移民を受け入れることとなったのである。[*13]

## 多文化主義の帰結

移民や難民の受け入れは、メルケルの発言に反映されているように、普遍的市民権や文化様式・生活様式の多様性に対する寛容の精神など、ヨーロッパのリベラルな価値観を体現する政策の一環として、エリートたちによって推し進められてきた。これに対して、一般国民の多くは、世論調査が明らかにするように、移民の大量流入に対して懸念を抱いていた。政府やマスメディアのエリートたちは、一般国民の懸念を無視し、多文化主義の理念を掲げて突き進んだのである。

しかし、事実は、一般国民の懸念の方を支持するようである。

例えば、イギリスのオックスフォードシャー州で、二〇〇四年から二〇一二年にかけて、九人のイスラム教徒（出身は七人がパキスタン、二人が北アフリカ）から成るギャングが、十一歳から十五歳の少女を性奴隷として売買していたという事件があった。もちろん、移民だからこうした犯罪に走ったなどと断定するのは間違っている。しかし、問題は、このギャングたちが、女性、特に非イスラム教徒の女性や、他の宗教、人種、あるいは同性愛者に対する差別を認める価値観を共有していたということであった。彼らは、その前近代的な価値観に則って、非イスラム教徒の少女を性奴隷売買の対象としていたのである。

しかし、犯罪の背景にあるはずのこのギャングの特殊な文化的価値観に触れることは差別であるとして非難される恐れがあった。このためマスメディアは、このギャングをイスラム教徒ではなく「アジア系」と表現し、彼らが非イスラム教徒の少女を選んで取引していたことも、ほとんど報じなかった。その結果、この事実は、法廷の場で明らかになるまで、長く表面化しなかったのである。[*14]

二〇〇三年、ヨーロッパ監視センターは、反ユダヤ主義に関する調査において、ヨーロッパにおける反ユダヤ主義的活動の活発化は、若いイスラム教徒によるユダヤ人の襲撃の増加によるものだということを見出していながら、この事実をひそかに握りつぶしていた。

しかし、移民の大量流入とともに、ユダヤ人に対する襲撃が増加した事実は、隠しようもなくなった。二〇一二年、トゥールーズ（フランス）のユダヤ人学校で、イスラム教徒が三人の子供と一人の教師を射殺。二〇一四年、イスラム教徒が、ブリュッセルのユダヤ博物館で四人を射殺。二〇一五年にも、パリで四人、コペンハーゲンで一人のユダヤ人がイスラム教徒に殺害されるという事件が起きた。フランスでは、二〇一三年から二〇一四年の間に、ユダヤ人に対する襲撃は八百五十一件に達した。

ドイツでも、二〇一四年、つまりメルケルが門戸開放を宣言する以前の時点ですでに、ミュンヘン、ドレスデン、シュトラウビング、シュツットガルトなど各地で難民による女性や少年に対する性犯罪が多発していた。二〇一六年には、ドイツの十六の州すべてに性犯罪が拡大した。しかし、犯人が移民である場合、当局はその公表を控える傾向にあった。それだけではなく、ドイツの「反差別」運動のグループが、警察に対し、容疑者の民族的・文化的アイデンティティを公表しないように、圧力をかけたのである。さらに、移民による性犯罪の被害者たちが、排外主義を煽ることを怖れて、加害者のアイデンティティを隠そうとするという現象すら見られた。

こうした奇妙な現象は、ドイツに限らない。二〇一五年、「ノー・ボーダー」運動の若い女性活動家が、イタリアとフランスの国境付近でスーダン人移民の集団に強姦された。ところが、「ノー・ボーダー」運動の活動家たちは、被害を認めないよう、彼女に求めた。その性被害が移民排斥運動を助長することを懸念したからである。彼女が最終的に被害を認めると、活動家たちは個人的恨みの腹いせをしたと彼女を非難したのである。*15

移民問題を巡るこのような倒錯の例を、もう一つ挙げておこう。

二〇一三年、ドイツで、移民の受け入れに否定的な立場を掲げるＡｆＤという新しい政党が結成された。するとドイツのマスメディアや政治家らは、ＡｆＤを反ユダヤ主義であるとして一斉に非難した。ところが皮肉なことに、二〇一四年、フランクフルト、ドルトムント、エッセンといったドイツの主要な都市に集まって「ユダヤ人を殺せ」と叫んだのは、AfDの党員や支持者ではなく、主に移民だったのである。[*16] このAfDが、その後、SNSを通じて、つまり既存のマスメディアに対する国民の不信を糧として、その勢力を拡大することとなったのは、前章において指摘した通りである。

そして、前章の議論に関連して注目すべきは、ヨーロッパのマスメディアが、多文化主義の倒錯がもたらす不都合な真実を報じようとはしなかったということである。マスメディアによる差別論者や排外主義者というレッテルは、一般国民の移民や難民に対する不安の声を黙殺し、事実すら封殺したのである。シュペングラーが警告した「自由の独裁」が、ここにも現れている。

ヨーロッパの移民問題の深刻さがマレーの描く通りであるならば、ヨーロッパは確かに自殺しつつあるとしか言いようがない。にもかかわらず、ヨーロッパ人たちの多くは、この移民や難民の受け入れを疑問視し、その制限について積極的に論じ、制限を決断し行動することを避けているように見える。

このようにヨーロッパ人が腰の引けた態度をとることについて、マレーは、ヨーロッパ人・ヨーロッパ社会が疲労し、憔悴しきっているために、困難な課題に立ち向かうことができないのだと論じる。[*17] その際、彼は、シュペングラーに言及するのである。[*18]
確かに、シュペングラーの言う「西洋の没落」とは、ヨーロッパのファウスト的魂がそのエネルギーを減衰させ、枯渇させることを意味する。マレーが、滅びゆくまま、なすすべのない現在のヨーロッパを観て、シュペングラーを連想したのも当然であった。
そこで我々も、再び『西洋の没落』を繙くこととしよう。

## 政治の歴史哲学

『西洋の没落』の第二巻、特に第四章においては、シュペングラーの独特の政治哲学が開陳されている。現在のヨーロッパの自殺の根本的な原因をシュペングラーに問いたければ、いささか迂遠ではあっても、まずは彼の政治哲学を理解するしかない。

シュペングラーは、「身分」を政治の最も始原的な単位とみなし、「身分」を論ずるところから、その議論を始めている。

あらゆる高度文化には「身分」というものがある。身分というものは、職業集団とは区別される。職業集団は、特定の技術を共有している集団である。これに対して、身分とは「その全存在が現象、態度、思考法にしたがって象徴的意義を有するもの」である。この身分の原初形態としてあるのは、貴族と僧侶である。

貴族と僧侶という身分は、いずれも「高い育成と教養との結果であり、したがって全然人格的な文化の表現」とされる。これに対して、農民は、「純然たる自然と成長との一片であり、したがって非人格的表現」であり、身分とはみなされない[19]。

さらに、貴族という身分は「全的に現存在」であり、僧侶という身分は「全的に覚醒存在」であるとされる。より分かりやすく言えば、「貴族は事実の世界に生き、僧侶は真理の生活に生きる。前者は識者で、後者は知者であり、前者は行動家で、後者は思想家である」[20]。

第二章で論じたように、シュペングラーは歴史のダイナミズムを、現存在と覚醒存在の相克が生み出す運動として描いた。これが政治の歴史となると、それは、貴族（現存在＝行動家）と僧侶（覚醒存在＝思想家）の相克としてとらえられる。例えば、国家と教会の対立、皇帝と法王の権力闘争がそれである。

貴族は現存在であるが、土地に定住して生きる農民もまた現存在であるとされる。つまり、「貴族はより高い農民身分」なのである。したがって、「貴族と農民とは全然植物的であり、本能的であり、先祖の土地に深く根をおろし、飼育し、また飼育されつつ、種族の樹をなしてひろがっていく」。

貴族が植物的であるのに対して、僧侶は動物的であり、「土地からの独立であり、自由な無時間的な、無歴史的な覚醒存在」である。貴族（と農民）という現存在は、僧侶という覚醒存在と相反するのである。

したがって、「農夫または騎士としての夫は運命としての妻に向かい、僧侶としての夫は妻から離れる。貴族身分は、広い存在の流れを自己の先祖、子孫という小さな流れの床のなかに導くがために、公生活を消滅させて私生活にする危険にさらされている。真の僧は、その理念にもとづいていえば、私生活、性、『家』を決して認めない」のである。[*21] 貴族や農夫という現存在が女性に向かい、僧という覚醒存在が女性から離れるのは、第二章で述べた通り、女性が現存在的であることに対応している。

貴族と農民は、土地にしっかりと定着するが、この土地との結びつきから、「所有（持つこと）」という感情が生じる。「所有」とは概念ではなく、植物的な現存在が有する原感情である。植物は、その根を下ろしている地面を所有し、他の種子や植物から、その地面を守っている。所有を巡る闘争は、植物界において始まっているのである。「所有」という感情は、植物から始まって人間（農民と貴族）にまで拡大する。「それゆえに最も正しい意味における所有はつねに土地所有であり、獲得したものを土地と地面とにかえようとする衝動はつねに善なる種の人間の証拠である」。[*22]

原始的な人間に存在している「所有」という原衝動あるいは原感情から、やがて「権力として持つこと（権力感情）」と「獲物として持つこと（獲物感情）」が発展してくる。「これら二個の原衝動は文化の進むとともにひろく分離し、そうして両者の間に戦いが起こる。その戦いの歴史はほとんど世界史といっていい。権力感情から征服と政治と法律とが生じ、獲物感情から商業と経済と貨幣とが生ずる[*23]」。

世界史のダイナミズムを織りなす政治と経済。それは、いずれも植物的な現存在が有する原始的な所有感情にまで、その起源を辿るものとされるのである。

植物的な現存在を象徴する貴族や農民から分離したのは、政治と経済である。では、貴族や農民とは対照的に、動物的な覚醒存在を象徴する身分とされた僧侶からは、何が分離するのか。それは、学問、すなわち哲学と自然科学である。

宗教は、あらゆる哲学と自然科学の起源である。実際、西洋の学界は、大学や学校の階層制、文献の引用方法や注釈の作法、あるいは正統派と異端派といった区分に至るまで、カトリック教会の形式を踏襲している。十九世紀の西洋の学者は、僧侶のように、裕福な生活や所有を軽侮し、科学を金もうけに利用することを忌避し、学界には絶対的に服従し、そして浮世離れしていた[*24]。これらは、学問が宗教から、知識人が僧侶から分岐したことの名残なのである。

やがて文化は文明へと成熟し、そして没落していく。この過程においては、第二章において述べたように、都市化が進展し、巨大都市・世界都市が出現する。これは、過剰に発達した覚醒存在が現存在に優位するようになる過程である。

この没落への過程においては、現存在の所有感情から発展した政治と経済から、さらに「貨幣」という覚醒存在的なものが突出するようになる。他方、僧侶という覚醒存在に起源をもつ学問は、宗教的な神聖さが失われて世俗化し、「知性」となる。「ここに生ずる権力は、不倶戴天の敵意によって英雄主義と神聖という身分理想から分離されたものであって、すなわち貨幣と知性とである。この二者のかの理想に対する関係は都市の精神の田舎の精神に対する関係と同様である。これより以後、所有は富と名づけられ世界観は知識と呼ばれる。すなわち神聖さを失った運命と俗的因果関係とである」[*25]。

文明化・都市化により、政治経済から貨幣が分離し、学問から知性が分離して、それぞれ突出し、過剰となる。シュペングラーは、その過程を次のようにも描く。

都市が生じたことにより、都市の住民は、貴族や農民とは異なり、土地との結びつきから切り離されて生活することができるようになる。この土地の束縛から自由な都市生活というものに、自由の理念の起源があるとシュペングラーは言う。

……この理念は政治的に生じたものではなく、まして抽象的に生じたものでもなく、都市城壁の内部において土と植物的に結合する現存在が終わり、そうして農村生活の全体を貫いている結び目が切り離されたという事実を表明するにすぎないのである。ゆえにその本質はつねに否定的なものである。この理念は解放し、救済し、防禦する。人はつねになにものかから自由である。都市とはこの自由の表現である。都市知性とは自由となった理解である。そうして後期時代において自由の名のもとに知的社会的、国民的諸運動として勃発するのは、すべてその起源を求めるところの土地からの離反という原始事実に帰するのである。[*26]

都市の勃興により、都市生活から自由の理念が生まれ、そして、土地に束縛された古い生活と身分に対して抗議する第三の身分が発生する。それが、市民という身分である。

市民身分の理念は自由主義である。この自由主義によって、学問からは知性が、政治経済からは貨幣が分岐し、そして支配的となる。「経済は金もうけのためには自由であり、科学は批評において自由である。そこであらゆる大きな決定に際して書物と集合とにおいて知能が代表となり、――デモクラシー――そうして貨幣が利益を占め――プリュトクラシー――となる。そうして結末は決して理念の勝利ではなく、資本の勝利である[*27]」。

これが文明の時代である。それは、第三身分（市民）の時代であり、リベラル・デモクラシーの時代である。だが、これで終わりではない。この先に、文明が成熟から没落へと転じ、都市が世界都市となる段階がある。この文明の末期から、第四身分すなわち「大衆」が生じ、そして大衆が文明を滅ぼすのである。

……第四階級――それは文化とその成長した形式とを拒否する大衆である。それは絶対に無形態のものであって、あらゆる形式、あらゆる品等の差別、秩序だてられた所有、秩序だてられた知識を憎悪してこれを迫害する。それは世界都市の新遊牧民態である。（中略）そのゆえに第四身分は無歴史なものに移ってゆく歴史の表現となる。大衆とは終末であり、根本的な無である。[*28]

この世界都市の時代に現れた大衆による政治がどのようなものであり、どのようにして文明を滅ぼすのか。それについては、我々は現代の現象としてすでに前章において確認したばかりである。

以上は、「身分」を中心として描いた歴史の過程である。しかし、政治の歴史には「身分」と対立する、もう一つの生活形式がある。それは「国家」である。「身分」と「国家」は互いに相手を支配しようとして争う。その身分と国家の間の闘争が、歴史のダイナミズムを生み出すのである。[*29]その政治史を要約するならば、次のようになる。

文化の初期、すなわち「春」においては、政治形態は封建国家、すなわち封建領主の連合体として始まる。やがて封建連合はゆっくりと崩壊していき、代わって階級国家が姿を現し、王朝の歴史となる。[*30] これが「夏」である。

この春から夏へ、封建国家から階級国家への移行は、「国家が階級に対して勝利を得たことを意味する」。[*31] すなわち、この時代に、身分や職業といった階級のすべてにおいて、階級を越えた何ものかに服従しなければならないという感情が突如として出現するのである。言い換えれば、私的な領域を超えた公的な権威というものが生じるのである。その公的な権威が階級国家（王朝的国家）である。

やがて文化は成熟し、秋を迎える。「決定的な転回がおこなわれるのは後期時代の初めである[*32]」。この文化が文明に変わろうとする時代には、国家がより絶対的なものへと近づき、国家概念が階級概念を圧倒するようになる。階級概念に代えて「国民」という概念が生じるのは、この時である。こうして、いわゆる「国民国家」が成立する。

この国民国家が成立する文明の時代を「土地」という側面から見れば、それは先に述べたように、「都市」の時代ということになる。そして、「身分」という側面から見れば、第三身分（市民）の時代である。「国民」の成立は、都市の発達と深く関わっているということである。

しかし国民とは真の都市建設民族である。国民は城砦のなかに生まれ、都市とともに成熟してその世界意識と使命との頂上に達し、世界都市において消滅する。各都市像は性格を有しまた国民的性格を有する。村落は全然人種的であってなおまだこれを有せず、世界都市はもはや有していないのである。[*33]

文明が没落し、都市は世界都市（グローバル・シティ）と化し、市民は大衆へと堕ちるのであれば、国民という概念もまた、当然の結果として、消滅することとなる。この現象のことを、今日の我々は、それが文明の没落であるとは知らずして「グローバリゼーション」と呼んでいるのである。

## 国家の歴史哲学

改めて、シュペングラーが「国家」そして「国民」をどのように捉えていたのかを確認しておこう。

シュペングラーは言う。「国家」とは、国民の状態（「国家、statusとは状態の意である。」）のことである。そして、「国民」とは、「一文化の様式をなす民族、すなわち歴史的民族」のことである。この「国民（歴史的民族）」について、シュペングラーは「運動」「動かされたもの」あるいは「現存在の流れ」といったように動態的なものとして理解していた。「国家」とは、この運動状態にある国民を、言わばスナップショットのように静止画像として捉えたものだというわけである。[*34]

国民という運動態を「国家」という静止画像として認識するのは、知性の働きである。知性は、国家を理論体系として明示する。だが、理論体系としての「国家」は、あくまでも国民という運動態の一瞬を切り取ったスナップショットに過ぎない。知性が認識し、叙述する「国家」は、決して国家それ自体ではない。

……しかし知性的手段によって抽象され得るものはきわめて少部分である。現実の条件はそれ自身として考察され、体系として紙の上に書かれたときには決して完全ではない。書かれないもの、叙述し得ないもの、通例のもの、感ぜられたもの、自明的なものは、きわめて優勢なものであって――理論家はこれを決して理解しないであろう――本質的形式として一国家の生きている現実の基礎をなすものに関して、国家学または憲法学が一つの影絵さえも与えない程なのである。そこで歴史に対する現存在単位は、その運動を本気で書かれた憲法に従属させるときには、めちゃくちゃにされてしまうのである。[*35]

ここで言う「書かれた憲法」とは、成文憲法のことである。成文憲法は、国家の姿を法律として抽象的な文言で表したものであり、知性によって書かれたものである。

これに対して、成文憲法とは異なる憲法がある。不文憲法である。不文憲法とは、ある国家の慣習、法制度、判例あるいは法解釈の歴史的な蓄積であり、「国体」とも言い換えられる。それは、歴史の中で自然発生的に形成されてきたものであり、状況の変化に応じて漸進的ではあるが柔軟に変わるものである。この不文憲法のことを、フリードリヒ・フォン・ハイエクであれば、「自生的秩序」と呼んだであろう。

シュペングラーは不文憲法（＝国体）を「生きた憲法」と呼び、重んじる。国家の健全性を担保し、国家の危機の際に優れた指針となるのは、成文憲法ではなく、不文憲法である。

> この理由によって、健全な国家であればどの国家においても、書かれた憲法の文字は時代の経験から、形勢から、とくに国民の種的特性からまったく自然に知らず識らずのうちに発展してきたスポーツ的意味における生きた「憲法」の実施に比するとき、重要さはほとんどない。この国家体の自然的形式の完成が強くなればなるほど、この国家体はどんな予見されない形勢に面しても、いよいよ確実に活動する。[*36]

不文憲法あるいは国体に比べれば、成文憲法の「重要さはほとんどない」とシュペングラーは断ずる。なぜならば、成文憲法というものは、国家理論と同様に、国家という歴史的な運動態を静止画像として切り取ったものに過ぎないからである。成文憲法として抽象的に書かれた国家の姿は、現実の国家そのものではないのである。

現実の国家は動態であり、日々刻々と変化し続けている。その動態のすべてを憲法や理論の中に書き表すことなど不可能である。それにもかかわらず、国家の在り方を、成文憲法や理論体系に厳格に従わせることになると、国家は現実離れしたものとなるのは必定である。したがって、理想的な国家の姿を憲法や理論の上に設計し、その理想の通りに国家を建設するようなことは、できないのである。

……設計通りに、いつか一度は実現されるかも知れないという最上の、真の正しい国家というものはない。歴史上に現われた国家はいずれもただ一度だけ存在し、そうして知らないうちに瞬間ごとに変わっていく。たとい法律的に確定された非常に固い憲法の殻の下にあってもそうである。それゆえに共和国、専制主義、民主主義等の語は個々の場合で意味を異にしているので、哲学者や空論家の常例とするように、これらの語を確定した概念として使用するときにはただちに空文句となる。諸国家の歴史は観相学であって体系学ではない。[*37]

この成文憲法あるいは国家理論と現実の国家との間の齟齬は、覚醒存在（知性）と現存在（生命）との対立関係に対応している。成文憲法や国家理論は、法律的に確定された硬直した存在であり、覚醒存在の産物である。これに対して、現実の国家というもの、そして不文憲法は、漸進的に変態を続ける生きた存在であり、現存在なのである。

覚醒存在は、現存在のごく一部を成すに過ぎない。にもかかわらず、覚醒存在が現存在を支配するようになると、現存在はその本来の姿を失うこととなる。シュペングラーは「（国家という）歴史に対する現存在単位は、その運動を本気で書かれた憲法に従属させるときには、めちゃくちゃにされてしまう」と言ったが、それは、現存在が覚醒存在に従属させられると、現存在が脅かされるということと同じである。

もっと具体的に言えば、覚醒存在とは、知識人が生み出す観念のことである。そして現存在とは、国民生活の歴史的現実のことである。現存在から遊離した覚醒存在、すなわち実際の国民生活から遊離した知識人は、だからコスモポリタニズムの理念へと傾き、ナショナリズムを嫌悪するのである。「世界主義とは『知識階級』から成るたんなる覚醒存在の団体にすぎない。そのなかには運命に対する憎悪、とくに運命の表現としての歴史に対する憎悪がある」*38。

文明の没落期には、過剰な覚醒存在が現存在を脅かすが、それは知識人たちのコスモポリタニズムに基づいて進められたグローバリゼーションが、国民生活を破壊するという形で具体化するのである。

その典型的な例が、現代ヨーロッパを代表する哲学者であるユルゲン・ハーバマスの議論の中に見出せる。

## 憲法愛国主義

一九九〇年代半ば、ハーバマスは、「民主的立憲国家における承認の闘争」[*39]という論文において、次のような論理でもって、多文化主義を擁護し、ドイツの移民の受け入れを正当化する論陣を張った。

まず、ハーバマスは、チャールズ・テイラーやマイケル・ウォルツァーによる議論を引き合いに出して、リベラリズムの概念を整理するところから、その議論を始めている。

ウォルツァーは、リベラリズムという主張は、「リベラリズム1」と「リベラリズム2」の二つの類型に分類できると論じた。

リベラリズム1は、個人の権利を最大限尊重しようとするものであり、国家は中立的であるべきとするものである。中立的国家とは、宗教的な目標、文化的な目標、そのほか、個人の自由、安全、福祉、市民の保護を超えるような社会的な目標は何であれ、一切、追求しないような国家を意味する。このリベラリズム1に則った政治は、「権利の政治（politics of right）」とも呼ばれる。

リベラリズム2は、国家が、特定の民族、文化、宗教などの維持や発展に加担することは、それが市民の基本的権利と合致する限りにおいて許容されるとするものである。言い換えれば、リベラリズム2は、民族、文化、宗教など、個人のアイデンティティを積極的に承認すべきであるとする主張であり、その実現を目指す政治は「承認の政治（politics of recognition）」とも呼ばれる。[*40]

ウォルツァー、あるいはチャールズ・テイラーは、この二つのリベラリズムのうち、後者をより積極的に評価しようとする。これに対して、ハーバマスは、リベラリズム1と2、あるいは「権利の政治」と「承認の政治」の対立それ自体を否認するのである。ハーバマスの論理は、次のように洗練されたものであった。

そもそも個人というのは、「社会化（socialisation）」を通じて、つまり特定の社会や文化の中で成長し、規範や価値観を身につけながら、その人格を形成していくものである。それゆえ、個人の人格は、その個人が所属する社会の民族的・文化的あるいは宗教的な背景とは無縁ではあり得ない。ならば、個人の自律性を最大限に尊重する「権利の政治」は、個人の負っている民族的・文化的・宗教的アイデンティティを承認する「承認の政治」を当然にして含むものと理解されるはずであろう。

例えば、女性の権利の主張は、女性のジェンダーという集合的アイデンティティを承認するという意味では、リベラリズム2に属する。しかし、それは、その女性個人の人格を尊重するリベラリズム1とはなんら矛盾しないであろう。女性という集合的アイデンティティは、彼女の人格の一部だからである。

このように、正しく理解されたリベラリズム1は、リベラリズム2を含む。したがって、リベラリズムを二つに分類する必要はないのである。

これに対して、テイラーやウォルツァーらリベラリズム2の主唱者たちは、「権利の政治」は、文化や生活様式といった公共善よりも個人の権利を優先するため、公共善の保護には不十分であるという見解を有している。しかし、「法規範は、特定の地域の立法機関の決定に由来し、かつ、国家の特定の地理的領域の中で、その国家の構成員という集合体に限定して適用されるものである」。それゆえ、個人の権利を定める法規範は、それぞれの国の社会が共有する文化、慣習あるいは生活様式の影響を受け、それらを反映したものになっている。「この理由により、どんな法体系も、特定の生活様式の表現なのであって、基本的人権の普遍的な内容を反映しているだけというわけではない[*41]」。

逆に言えば、文化、言語、宗教、生活様式など、個人が社会と共有する集合的アイデンティティを承認し、保護することは、個人の権利を保護することでもある。「よって、規範的観点から言えば、個人が社会化され、自らのアイデンティティを形成したところの間主観的な共通経験や生活の脈絡を保護することなしには、その個人の法人格は完結し得ない」[*42]。

とりわけリベラル・デモクラシーにおいて、個人の権利は、民主政治の過程を経て実現する。民主政治とは、国民が自分たちの共有する公共善や望ましい生活様式とは何かについて、熟議を重ねる場である。この民主的政治過程における熟議によって、社会が共有する伝統的価値観や文化が法規範に反映されるのである。ただし、それだけではない。熟議の過程で、伝統的価値観や文化に反省が加えられ、その結果、社会の価値観や文化が変わるということもある。文化や伝統あるいは社会的価値観といったものは、固定的・硬直的に存在し続けるものではなく、熟議の過程を通じて、自らを再生産するものなのである[*43]。

再び、女性の権利を例にとれば、それは、かつては認められていなかった。しかし、民主政治の熟議を通じて、社会が共有してきた価値観に批判的な検討が加えられたことで、社会の価値観が変わり、現在では、女性の権利は当然のものとして認められるようになったのである。

こうしてハーバマスは、文化や宗教などの集合的アイデンティティを尊重する「リベラリズム2（承認の政治）」を、個人の普遍的権利を主張する「リベラリズム1（権利の政治）」と接合することで、リベラリズムに基礎づけられた多文化主義を構想したのである。

さらに注意すべきは、ハーバマスの理論は、リベラリズム1とは異なり、国家の文化的あるいは倫理的な中立性を否定していることである。ハーバマスが擁護する民主的立憲国家とは、言論の自由、民主的意思決定などの諸原則から構成される憲法を骨格としている。しかし、この憲法に定められた諸原則は、西洋における歴史的な経験の蓄積により形成された特定の政治文化にほかならない。その意味で、憲法は、決して文化的・倫理的に中立的なものではないのである。国民は、西洋の歴史的・文化的な産物である憲法の諸原則に対する忠誠を求められる。この忠誠をハーバマスは「憲法愛国主義」と呼ぶ。結論として、「法的原則の普遍性は、ある種の憲法愛国主義を通じて、特定の歴史的な政治文化の脈絡に埋め込まれた手続き的合意に反映されているのである[*44]」。

このハーバマスの憲法愛国主義を移民問題に適用するならば、「移民には、新たな母国の政治文化に参加するという意志が必要とされるが、そうすることで出自の生活様式を放棄する必要はない[*45]」ということになる。移民は、出自の文化や宗教を維持することは容認されるが、他方で、例えば、熟議の民主政治の手続きの尊重、そして熟議への参加が求められる。つまり、受け入れ国の西洋文化的な憲法への忠誠を義務付けられるのである。

これにより、多様な文化的・宗教的アイデンティティを有する人々が、憲法に対する忠誠の下に、一つの社会として統合される。移民の受け入れによって社会全体が分断されることは、こうして回避されるのである。しかも、熟議の民主政治には、文化や価値観を再生産する機能がある。したがって、受け入れ国の文化や価値観が、長期的には、より多文化主義的なものへと変化していくことも期待されるであろう。

ただし、憲法愛国主義に基づく多文化社会は、憲法の諸原則に反するような文化については、許容しない。例えば、普遍的人権の侵害を是とするような過激な宗教原理主義を、ハーバマスは決して容認しないのである。[*46]

以上が、ハーバマスが「民主的立憲国家における承認の闘争」において展開した多文化主義の理論である。この論文は一九九〇年代に発表されたものであるが、それからおよそ四半世紀後のヨーロッパが直面している事態は、当時のハーバマスの構想からはほど遠いものとなった。

マレーが報告しているように、ヨーロッパ各国が受け入れた移民や難民には、過激な宗教原理主義者が含まれているし、女性やユダヤ人の権利を認めない者も少なくないというのが現実である。移民と移民以外、あるいは移民受け入れの容認派と反対派というように、社会の分断も進んでしまっている。これは、ハーバマスの提唱する多文化主義にとっては、到底、容認できない事態のはずである。

このような事態を招いたのは、二〇一五年におけるメルケルの難民受け入れの方針の表明である。ところが、奇妙なことにハーバマスは、自らの理論と不整合なはずの、このメルケルの方針を支持しているのである！[*47]

この矛盾の萌芽は、「民主的立憲国家における承認の闘争」の中にすでに見出すことができる。

## ハーバマス対シュペングラー

ハーバマスは、憲法の諸原則について、それらは抽象的な観念の産物ではなく、歴史的に形成されてきた特定の共同体の文化や生活様式を反映したものであることを強調する。意外に聞こえるかもしれないが、ハーバマスの法哲学は、歴史的・文化的な蓄積としての不文憲法を成文憲法よりも重視し、現存在（特定の共同体における生活様式）を尊重するシュペングラーと共鳴するところがあるのである。

今日、ヨーロッパに流入している大量の移民は、事実上、ヨーロッパ各国の文化や生活様式（シュペングラーの用語で言えば「現存在」）に対する大きな脅威となっている。ハーバマスが、（シュペングラーとともに）尊重するものが危機に瀕しているのである。

しかし、ハーバマスは、移民を制限するためではなく、あくまでも、より積極的に受け入れるための理論的根拠として、憲法愛国主義を提唱したのであった。

ハーバマスは、ドイツをはじめとする西洋諸国が移民や難民を受け入れることは、道徳的な義務であると主張する。その道徳の根拠とは、次のようなものであった。

グローバル化し、各社会の相互依存関係が密接となった今日、政治的な迫害から逃れようとする難民はもちろん、より良い生活を求める移民の立場を考慮し、彼らを救済する義務が西洋諸国にはある。過去の西洋による植民地政策や近代化の拡大により、第三世界の現状があることを考えるならば、なおさらである。それに、かつて、すなわち十九世紀から二十世紀前半にかけての西洋は、移民のおかげで多大な経済的利益を享受したという過去もある。

というわけで、移民を受け入れることは、西洋諸国の道徳的な義務と考えるべきである。問題があるとすれば、それは、西洋諸国の実際的な受け入れの能力だけである。しかし、少子高齢化・人口減少の傾向が続いている西洋諸国に、移民を受け入れる容量がないなどということはないとハーバマスは結論している。*48

ドイツに関して言えば、ドイツは移民国家ではないという移民反対論がある。しかし、歴史を繙けば、第一次世界大戦までに一二〇〇万人の移民がドイツに流入し、第二次世界大戦の終結までには、ポーランドやソ連から一二〇〇万人の強制労働者がドイツに連れて来られていた。戦後は、一九七三年までゲストワーカーの受け入れが続いた。一九九〇年時点において、ドイツの人口の八・二%はすでに外国人労働者である。「ドイツは移民国家ではない」という根強い誤謬《ごびゅう》は、「国民（nation）」というものを血縁を基礎にした共同体とみなす誤った理解によるものであり、改めなければならない。[*49] ハーバマスは、このように主張するのである。

もっとも、移民を受け入れるにしても、問題は、ハーバマス自身も認めるように、受け入れ国の許容能力である。確かに西洋諸国が、ドイツを含めて、これまでも移民を受け入れてきたのは歴史的な事実であろう。しかし、問題は、移民を受け入れる量とテンポ、そして流入する移民の文化的性格である。マレーが言うように、「近年の人の移動は、ヨーロッパの難民危機以前ですら、すでに量的にも質的にも経緯的にも、以前とはまるで違うものだった」[*50] のである。特に二〇一五年以降のように、一年間で数十万人の非ヨーロッパ系移民が流入するというような水準は、各国の許容能力を凌駕しているのは明らかである。

ハーバマスは、移民・難民の受け入れは義務であると論じたが、その義務とは、普遍的でコスモポリタンな道徳から導き出されるものである。他方、許容能力の欠如を理由に、移民・難民の受け入れを拒否する場合は、それは自国民の利益を外国人の利益よりも優先するナショナリズムの論理に立っているはずである。しかし、ハーバマスは、少なくともその論文「民主的立憲国家における承認の闘争」の中で、移民受け入れのコスモポリタニズムと受け入れ拒否のナショナリズムが衝突した場合、どのように調整するかについては論じていない。

ハーバマスは、個人の普遍的な権利は、個別の文化や生活様式の脈絡の中で実現するということを示した。確かに、この憲法愛国主義の下では、コスモポリタニズムとナショナリズムとは、一定の両立を実現している。しかし、大量の非ヨーロッパ系移民が短期間のうちに流入して、コスモポリタニズムが憲法愛国主義自体を脅かすような場合には、憲法愛国主義をコスモポリタニズムよりも優先して、移民の流入を厳しく制限すべきであるとは、ハーバマスは言わなかったのである。

また、ハーバマスの憲法愛国主義の理論は、熟議の民主政治による意思決定を原則としているが、現在のヨーロッパの移民・難民政策がその民主政治における熟議の結果と言えるかは、はなはだ疑わしい。ヨーロッパ・レベルでの移民・難民政策を決定するのはEUであるが、そもそもEUの意思決定は、ヨーロッパ委員会や加盟国の指導者たちによってなされるのであり、民主的正統性を有しているとは言えない。

移民問題に関して、一般国民の政治的意志や価値観を反映するはずの熟議の民主政治が機能していないことは、移民を巡る意識が一般国民とエリートの間で乖離していることからも明らかであろう。それどころか、前章において論じたように、エリートによる政治、とりわけ移民政策に対する不満と不信が、多くの国民をポピュリズムへと走らせたのである。

ハーバマスの憲法愛国主義の理論は、容易には反論しがたい精緻な規範理論から成り立っており、抽象論理に傾きがちな単純なリベラリズム1とは一線を画するという長所もある。それは、現実世界における文化や慣習、生活様式その他の歴史的な脈絡をも承認するように、リベラリズムを改良しようとする洗練された試みであると評価できる。

しかし、今日のヨーロッパが陥っている難民危機という事実に対して、ハーバマスの精緻な理論は無力であった。それどころか、今日のヨーロッパの難民危機を招いたのは、ハーバマスが守ろうとした西洋のリベラリズムである。マレーの言う「ヨーロッパの自殺」とは、まさにこのことであろう。

シュペングラーは、「歴史に対する現存在単位は、その運動を本気で書かれた憲法に従属させるときには、めちゃくちゃにされてしまう」と警告したが、ハーバマスの憲法愛国主義における「憲法」とは、「本気で書かれた憲法」であったのだ。こうして、ヨーロッパという「歴史に対する現存在単位」が、文字通り、めちゃくちゃになっていくのを、今日の我々は目撃している。

近年、日本でも憲法改正が取り沙汰されている。それと機を同じくして、外国人労働者の受け入れの拡大が人口減少やグローバリゼーション、あるいはダイバーシティを理由として進められつつある。いずれにしても、没落の予感しかしない。

ハーバマスの憲法愛国主義は、リベラルな諸原則からなる憲法への忠誠によって、多種多様な文化、宗教、民族からなる人々を統合して多文化的な社会が実現できると想定していた。しかし、この理論は、事実によって裏切られた。実際には、人々が歴史的に共有し、それゆえに愛着を抱く具体的な生活様式を中核としなければ、社会を統合することは不可能である。抽象的な諸原則への合意によって、歴史的に形成された運命共同体を超越した理想社会を実現しようというのは、哲学者の夢想に過ぎないのである。[*51]

歴史的に形成された共同体の重要性を認めたハーバマスであったが、その彼も、最終的には、知識人の持病である「運命に対する憎悪、とくに運命の表現としての歴史に対する憎悪」を克服することができなかったようである。

シュペングラーは、文明の没落期には、「国民的な事実感」が「一つの傾向」によって打ち負かされるという。それは、「しばしば独創的衝動がないが、それだけますます論理に夢中となり、真理、理想およびユートピヤの世界を家とする人間を先頭とし現実にかえるに論理をもってし、事実の力にかえるに抽象的正義をもってし、運命にかえるに理性をもってし得ると信じている読書人を先頭とする一つの傾向」[*52]である。

現代ヨーロッパのリベラリズムを代表する哲学者であるハーバマスもまた、このような読書人の一人として、シュペングラーに予言された者だったのであろうか。「かれらは『知性の歴史』のなかに高い地位を占めている――そのなかには有名な一連の名前がある――現実の歴史の観点から見ればかれらは劣等である」[*53]。

＊1―Douglas Murray, *The Strange Death of Europe: Immigration, Identity, Islam*, Bloomsbury Publishing, 2017, pp. 1.

＊2―Murray (2017: pp.23-4)

＊3―Murray (2017: p.12)

＊4―Murray (2017: p.262)

＊5―Murray (2017: p.254)

＊6―Murray (2017: pp.25-6)

＊7―Murray (2017: Ch.3)

＊8―Murray (2017: pp.178-9)

＊9―Murray (2017: p.81)

＊10―Murray (2017: p.123)

＊11―Murray (2017: p.82)

＊12―Murray (2017: p.157)

＊13―Murray (2017: p.257)

＊14―Murray (2017: pp.28-9)

＊15―Murray (2017: pp.194-8)

＊16―Murray (2017: pp.142-3)

＊17―Murray (2017: Ch.13)

＊18―Murray (2017: p.209)
＊19―シュペングラーII (1989: p.276)
＊20―シュペングラーII (1989: pp.277-8)
＊21―シュペングラーII (1989: pp.278-9)
＊22―シュペングラーII (1989: p.285)
＊23―シュペングラーII (1989: p.287)
＊24―シュペングラーII (1989: pp.287-8)
＊25―シュペングラーII (1989: pp.288-9)
＊26―シュペングラーII (1989: pp.294-5)
＊27―シュペングラーII (1989: p.296)
＊28―シュペングラーII (1989: p.298)
＊29―シュペングラーII (1989: p.303)
＊30―シュペングラーII (1989: pp.306-11)
＊31―シュペングラーII (1989: p.311)
＊32―シュペングラーII (1989: p.319)
＊33―シュペングラーII (1989: p.141)
＊34―シュペングラーII (1989: pp.298-9)
＊35―シュペングラーII (1989: p.299)

＊36—シュペングラーII（1989: p.305）
＊37—シュペングラーII（1989: p.306）
＊38—シュペングラーII（1989: p.152）
＊39—Jürgen Habermas, 'Struggles for Recognition in the Democratic Constitutional State,' in Amy Gutmann（ed.）, *Multiculturalism: Examining the Politics of Recognition,* Princeton University Press, 1994.
＊40—Michael Walzer, 'Comment,' in Amy Gutmann（ed.）, *Multiculturalism: Examining the Politics of Recognition,* Princeton University Press, 1994, p.99.
＊41—Habermas（1994: p.124）
＊42—Habermas（1994: p.129）
＊43—Habermas（1994: pp.130-1）
＊44—Habermas（1994: p.135）
＊45—Habermas（1994: p.139）
＊46—Habermas（1994: p.133）
＊47—https://www.socialeurope.eu/habermas-parisattack?utm_source=facebook&utm_medium=social&utm_campaign=SocialWarfare
＊48—Habermas（1994: pp.141-2）
＊49—Habermas（1994: pp.144-5）
＊50—Murray（2017: p.31）

＊51—Bernard Yack, *Nationalism and the Moral Psychology of Community*, The University of Chicago Press, 2012, Ch.1; Dominique Schnapper, *Community of Citizens: On the Modern Idea of Nationality*, Transaction Publishers, 1998, pp.59-60, pp.152-3.

＊52—シュペングラーII（1989: p.153）

＊53—シュペングラーII（1989: p.153）

# 第五章 人間と技術

## ファウストと産業革命

シュペングラーは、西洋文化の魂を「ファウスト的」と呼んだが、そもそもゲーテの『ファウスト』とは、次のような物語である。

大学者ファウスト博士は、学問に絶望していた。「なんてことだ。哲学をやった、法学も医学もやった。おまけに神学なんぞも究めようとした。しゃかりきになってやってきた。ところがどうだ、いぜんとしてこのとおりの哀れなバカときている」[*1]。

ファウストは、学問ではなく、「行為」を渇望していた。「心を決めるがいい。新しい軌道をとって大気を進み、新天地へととび出していこう。きよらかな行為が待っている。(中略)いまこそ行為で示すべきときなのだ」[*2]。

とにかく「行為」を欲して悶々とするファウストは、聖書を開いても、「初めに言葉ありき」とあるのを「初めに行為ありき」と読み換えてしまう有様である。[3]
そんなファウストの前に、悪魔のメフィストフェレスが現れる。ファウストは、メフィストフェレスと契約を結ぶ。それは、ファウストが永遠化したいような最高の瞬間を得られれば、ファウストの負けという賭けの契約であった。

ファウスト
かための握手だ！　そうだ、こうしよう、もしとっさにいったとする、時よ、とどまれ、おまえはじつに美しい――もし、そんな言葉がこの口から洩れたら、すぐさま鎖につなぐがいい。よろこんで滅びてゆこう。葬いの鐘が鳴る。おまえのつとめも、それで終了。時計がとまって、針が落ちる。わが人生の時が満ちたということだ。[4]

『ファウスト』第一部で、メフィストフェレスは、ファウストを霊薬によって若返らせ、愛の享楽による最高の瞬間を体験させようとするが、その試みは失敗する。第二部では、メフィストフェレスが、次なる試みとして、皇帝から与えられた海辺の領地の干拓事業などを体験させるが、この試みは成功する。ファウストは、その大事業によって最高の瞬間を味わい、思わず「時よ、とどまれ」と口にしてしまい、賭けに敗れたファウストは死ぬ。

ハンス・クリストフ・ビンスヴァンガーは、ファウストが愛によってでも得られなかった最高の瞬間を、経済的行為によって得たという筋書きに着目した。そして、『金と魔術――「ファウスト」と近代経済』を著し、ゲーテが、十八世紀末から十九世紀初頭にかけての産業革命の始まりを経験しながら、『ファウスト』の中で、その産業経済の発展の行きつく先を先取りしていたという画期的な解釈を提示した。『ファウスト』、とりわけその第二部は、産業経済が人間の生にとってもつ意味を巡る物語だというのである。

ビンスヴァンガーは、『金と魔術』の中でシュペングラーにはまったく言及していない。しかし、シュペングラーは、『金と魔術』より半世紀以上も前に、『ファウスト』第二部が産業経済の問題を論じたものであることに気づいていた。

シュペングラーは言う。産業革命によって生み出された機械技術は、人間の生にとって、どのような意味をもち得るのか。この問いに対して、観念論者たちは、技術や経済を低俗なものと見下し、機械技術が人間の生に与える影響の大きさを、まともに論じようとはしなかった。他方で、唯物論者たちは、機械技術を、人類の労働量を減らし、楽しみを与えてくれる進歩としてしか見ず、精神的なものを論じようとはしなかった。「前者に現実感覚が欠けていたとすれば、後者には深みが驚くほどかけていた」[*5]。これに対して、「現実的なもののすべてに対する偉大なセンスに包まれていたゲーテは、ファウスト第二部で、この新しい事実世界の最深部に精通しようと試みていた」[*6]のである。

シュペングラーがそこまで言うのならば、我々は、改めて『ファウスト』第二部を繙かなければなるまい。

## 『ファウスト』第二部

第二部の第四幕において、ファウストは、なおも「行為」に飢えていた。それも単なる経済活動ではなく、一大事業の遂行にである。

ファウスト
　いや、そうじゃない！　この地球上にこそ、まだまだ大仕事の余地がある。壮大な仕事をやってみせよう。精魂を傾ける、それだけの力もある。

メフィスト
　名をあげたいのだろう。王妃たちと交っていたおひとだからな。

ファウスト
　この手に所有したい。行為がすべてであって、名声など何でもない。[*7]

ファウストの願いをかなえるために、メフィストフェレスは、皇帝が行おうとする戦争をうまく利用した。皇帝の戦争を助け、その論功行賞として、海辺の干拓事業を行う許可を得たのである。この干拓事業こそ、ファウストが求めていた「行為」であった。

メフィストフェレスの次の台詞には、この干拓事業がグローバリゼーションへの第一歩であることが暗示されている。

メフィスト（ファウストに）

渋い面だ、暗い目つきだ。お宝がうれしくないのか。知恵が報われ、浜と海とが一つになった。運河から出た船を、海がいそいそと迎え入れる。いばるがいいぜ、この豪華な館から両腕に世界をつかみとったとな。ここがはじまりだった。最初の小屋を建て、ちいさな堀を一本通した。いまではたえまなく櫂が水を切っている。おまえの大きな志と、下《しも》の者たちの勤勉とが、海の幸、陸《おか》の幸を手に入れた。まさにここからだった――[*8]

ファウストが「渋い面」「暗い目つき」をしていたのは、海辺の土地に菩提樹の大木と小屋があり、その小屋にピレモンとバウチスという老夫婦が住んでいたからであった。老夫婦が立ち退かなければ、干拓事業は完遂しない。菩提樹と老夫婦の存在が、世界をわがものにすること、すなわちグローバリゼーションの障害となっていたのである。

ファウスト
そのここがいまいましい！　わけ知りのおまえだから打ち明けるが、胸が刺されるようで我慢がならない。口に出すのはためらいがあるが、あの年寄り夫婦を立ちのかせ、菩提樹をそっくりいただく。あれだけがわがものでないばかりに、世界がわがものでない。老木の枝と枝に足場をわたせば、絶好の眺望台だ。自分の仕上げたところを、ひと目で見わたしたい。人間精神の大事業だ、人知というものを証しだてる。無数の人々のための広大な安住地だ。（後略）[*9]

菩提樹は自然、老夫婦は土地とともに生きる伝統的な文化や生活の象徴である。[*10] グローバリゼーションは、自然と伝統文化を破壊しなければ、進めることができないのだ。ファウストはメフィストフェレスに老夫婦を立ち退かせるよう命ずる。ところが、メフィストフェレスは、老夫婦を殺害してしまい、小屋と菩提樹は焼け落ちる。菩提樹の焼け跡を見たファウストは、「あとをきれいにすれば、四方をくまなく見わたすことができる」[*11]という台詞を吐くが、「四方をくまなく見わたす」とは、際限のない進歩のことを暗示している。[*12]

しかし、グローバリゼーションの妨げとなっていた伝統文化（老夫婦）と自然（菩提樹）を犠牲にした結果、ファウストは、次第に不安を抱くようになる。そこへ「憂い」が迫り、ファウストを盲目にする。

しかし、ファウストは視力を失ってもなお、大事業を止めようとはせず、前進し続ける。そして終に、最高の瞬間を味わって「時よ、とどまれ、おまえはじつに美しい」と口走り、つまりメフィストフェレスとの賭けに敗れて、命を落とすのである。

## 発明家文化の象徴

ファウストは「求めるかぎり苦しみがあり、幸せがある。ひとときも満ち足りることはない」[*13]と言うが、これこそまさに、足ることを知らず、際限なく成長を続けようとする「ファウスト的」魂そのものである。西洋文化に固有の内的形式である。シュペングラーは、『ファウスト』を「発明家文化」たる西洋文化の象徴の物語として読む。

ファウスト的な発明家と発見家とは他に比類のないものである。その意志の原始力、その現像の輝く力、その実際的沈想の鋼鉄的力、これは他の文化から見ると無気味で理解しえないものであるに違いない。しかしわれわれすべてのものの血のなかに存しているのである。わが全文化は発見者魂を有している。[*14]

シュペングラーによれば、例えば、ギリシャ・ローマ文化は技術に対して敵対的であり、仮に知識を得ても、それを生活に取り入れて利用しようとする意欲に欠けていた。これに対して、西洋文化の魂は、技術を発明して、自然を支配しようとする衝動にかられていた。

この衝動は、西洋文化に固有のものであった。例えば、ギリシャ・ローマ、中国、インド、アラビヤの学者たちの自然科学は、「実行ぎらいな遊び半分の好奇心」によるものであった。これに対して、西洋の自然科学は、当初から実用への志向性をもっていた。西洋文化においてのみ、「理論は初めから〈作業仮説〉なのである。作業仮説は、『正しい』必要はなく、ただ実践的に有用であればよい。それは、われわれのまわりにある世界の秘密をあばき出そうとするのではなく、一定の目的のために〈役立て〉ようとするものである[*15]」。

「理論」は、それ自体が目的なのではなく、単なる「作業仮説」、すなわち「行為」の遂行のための手段に格下げされるのが西洋文化の魂である。「初めに言葉ありき」を「初めに行為ありき」と読み換えるほどに「行為」に執着するファウストは、まさに西洋文化の魂の象徴なのである。

この西洋文化の魂は、近代になってから生じたというわけではない。西洋文化の春にあたる十世紀頃から、すでにそうだった。例えば、実験科学を創始した十三世紀のロジャー・ベーコンは、自然研究を、自然に対する強制尋問と定義していたのである。

自然は、もはやその素材を〈略奪〉されるというのではなく、〈己れの力そのものの軛につながれ〉、そして人間の強さを何倍にもするために奴隷奉仕すべきものとなったのである。他のすべての思想とこれほど無縁な、この途方もない思想は、ファウスト的文化と同じほど古くからある。十世紀には、すでにわれわれは全く新種の技術的な構成物に出会うのである。すでに、ロジャー・ベーコンとアルベルトゥス・マグヌスは蒸気機関、蒸気船、飛行船について考えを深めていた。そして、多くの人びとが、修道院の独居室で永久機関の理念についてあれこれと考え続けていた。[*16]

かれらは、「神を認識」しようと思ったのだが、実際は〈無機的な自然の諸力〉を、すなわち生起する一切のものの中にある不可視のエネルギーを、切り離し、把握でき、利用できるようにしようとしただけである。ファウスト的自然科学は、そしてこれだけが〈動力学〉であり、ギリシャの静力学やアラビアの錬金術に対立している。物質ではなく、力が問題なのである。[*17]

産業革命とは、エネルギーを利用した動力により、自然を支配しようという西洋文化に固有のファウスト的魂＝発明家文化の発現にほかならない。『ファウスト』の中でも、ファウストが干拓事業の際にエネルギーを導入した機械の力を利用したことは、老女バウチスの目撃談の中に暗示されている。[*18]

バウチス
昼間はどっさり人がきて、鋤やシャベルを振るっていました。夜は無数のたいまつがともされ、そのうち堤ができていた。人柱も立ったようで、夜な夜な嘆きの声がした。海に向かって炎の列が見えた。朝になると運河になっていた。（後略）[*19]

だが、西洋文化のファウスト的魂は、やがて成熟し、衰退する運命にある。なぜ、ファウスト的魂は衰退を余儀なくされるのであろうか。それは、ファウスト的魂が生み出すものが、人間の生を脅かし、ファウスト的魂をも弱らせるからである。

その衰退の現象として、シュペングラーが特定するのは、次の四つである。

（1）環境破壊、（2）機械の支配、（3）技術の拡散、（4）際限のない欲望がもたらす不幸。

## 環境破壊

『ファウスト』における菩提樹の焼失が象徴するように、ファウスト的魂が生み出す近代産業経済は、自然環境の破壊をもたらす。しかも、自然環境の破壊は地球規模で引き起こされる。驚くべきことに、シュペングラーは、気候変動や生物多様性の危機を含む、いわゆる地球環境問題を警告していた。[*20]

〈世界の機械化〉は、きわめて危険な緊張過剰の段階に入ってしまった。植物、動物、人間のいる地球というイメージは、変わってしまった。この二、三十年の間に、たいていの大森林は消え去り、新聞紙に変えられ、そしてこれとともに全住民の農業を脅かす気候変化が現われたのである。バッファローのような無数の動物種が完全に、あるいはほとんど完全なまでに絶滅してしまった。北アメリカのインディアンやオーストラリア人のような人種が消滅寸前の域にまで達したのである。[*21]

環境問題は技術によって克服できるという楽観論は、シュペングラーとは無縁である。ちなみに、技術による自然の操作の限界は、『ファウスト』の中でも暗示されている。干拓事業において、堰《せき》や堤防といった技術によって自然を支配しようとするファウストに対して、メフィストフェレスは呟く。

メフィスト（わきを向いて）

堰とか堤防とかでお仕えしているのは、おまえさんだ。海神ネプトゥヌスに、ご馳走をつくっているわけだからな。どんなに工夫しようと、ひとたまりもない。水や風はわれらの仲間だ。おどりかかってぶっこわす。[*22]

一九七二年、ローマ・クラブは『成長の限界』を発表し、天然資源の枯渇が経済成長の限界となると予測した。しかし、シュペングラーが懸念したのは、資源の枯渇による成長の終焉ではなかった。資源の枯渇の問題であれば、ファウスト的魂の力でもって解決できる。「十九世紀に流行したように、二、三世紀のうちに迫ってくる石炭層の枯渇やその結果について論ずることは愚行である。それもまた、唯物主義的に考えられていたのであった。今日、すでに石油と水力が大量の無機的エネルギー資源として引き合いに出されていることは別にしても、技術的思考なら、近々、さらにまったく別の源泉を発見し、開発するであろう[*23]」。

原子力エネルギーの利用や、近年のシェール・オイルの開発に見られるように、ローマ・クラブよりも、シュペングラーの予測の方が正しかった。ただし、原子力発電には事故による深刻な放射能汚染の危険性があり、シェール・オイル開発もまたフラッキング（水圧破砕法）による地下水などの汚染の問題がある。「きわめて危険な緊張過剰の段階」からは逃れられていないのである。

シュペングラーにとって、環境破壊が成長の限界となるのは、資源の枯渇という「唯物主義的」な要因からではない。環境破壊は、人間の生を脅かすのであり、それが成長の制約となるというのである。

そもそも生命（現存在）は、自然環境の中にあって、自然環境とともに存在するものであった。人間で言えば、土地に定住し、自然環境の中で農耕生活を営むのが、本来の生の姿である。文化というものも、環境に根差した現存在の姿である。

しかし、人間の生活が土地から離れ、覚醒存在（知能）が現存在から乖離するようになるにつれ、現存在が衰え、人間の生命力が弱体化する。これを引きおこすものの一つが、第二章で論じたように、大都市さらには世界都市である。世界都市では、人びとが自然環境から乖離した人工的な空間の中で、高度な頭脳労働に従事し、極度な知的緊張を強いられている。そして、そうした生活から抜け出したいと思い、スポーツや賭博のような享楽や神秘主義へと逃避しようとする。

このように、自然環境の破壊は、現存在の衰弱と覚醒存在の過剰を引き起こす。そして、「生の倦怠のために、人びとは文明から、もっと未開の大陸へ、諸国放浪へ、自殺へと逃避する」[*24]のである。

産業化による環境破壊によって枯渇するのは、天然資源ではなく、人間の生命力なのである。その生命力の衰弱こそが、真の成長の限界なのだ。

## 機械の支配

菩提樹（自然）と老夫婦（伝統文化）を破壊し、なおも干拓事業に邁進《まいしん》しようとするファウストは、「憂い」によって視力を失う。それでもファウストは止まろうとはせず、盲目のまま、最後の指示を出す。

ファウスト（目が見えない）

夜がいっそうふけたらしい。胸のなかはこよなく明るいのだ。考えてきたことを、さっそく実行に移すとしよう。主人の命令は何よりも重い。みなの者、床を蹴って起きろ。一人のこらず仕事にかかれ。のこりくまなく考えた。それを仕上げる。道具だ、鍬に鋤だ、杭のあとはならしていく。整然と、迅速にやる。いちばんの働き者には褒美をとらせる。

千の手をもつ一つの頭が、この大事業をやりとげる。

この場面には、ファウストが際限のない進歩という自らのヴィジョンに目がくらんで、現実を見失っていることが暗示されている。それをゾンバルトは「最も深い企業の意味をあらわしている」と評したのである。

また、ここで盲目のファウストが「胸のなかはこよなく明るいのだ」と言っているのは、ビンスヴァンガーの解釈によれば、錬金術に用いられる硫黄の光によるものであるという。[*25]

錬金術という魔術は、高度な技術の象徴である。現代社会においては、極端に高度化し、複雑化した技術が日常生活に入り込んでいる。我々は、その仕組みをまったく理解できないまま、それらの技術を使用している。今日の例で言えば、ITがまさにそれであろう。とりわけ、最近、注目が集まっているAIなどには、次のシュペングラーの言葉がそのまま当てはまる。

「技術は、己れ自身が利用している高等数学と同じように、そしてまたみずからの分解思考で、現象の抽象化から人間の認識作用の純粋な根本形式にまで突き進みながらも、そのことに全く気づいていない物理学理論と同じように秘教的になってしまった[*26]」。

ファウストの台詞にある「千の手をもつ一つの頭」というのも、暗示的である。それは産業革命以降に出現した複雑な産業社会システムの比喩であろう。人間は、そのシステム全体の一部品と化している。人間は、もはや自分が社会の中で担っている役割を実感できなくなっており、人生の意味を見失いつつある。シュペングラーは言う。「しかし、十八世紀以来、いまや人生における、己れ自身の人生においてさえも、それが果たす実際の役割についてはもはや何も知らず、しかもその成功については内面的なかかわりをまったくもたない事柄に無数の『手』が従事しているのである[*27]」。

現代は、この百年前のシュペングラーの警告の延長線上にあり、ついに、あらゆるものがインターネットに接続して作動する世界が現出しようとしている。

盲目のファウストは、穴を掘る鍬の音を聞くが、それは干拓事業の作業の音ではなく、自らの墓穴を掘る音であった。ファウスト的人間は、技術によって自由を得るというヴィジョンを信じて突き進むのであるが、その結果、自らが発明した技術への従属を強いられて自由を失う。自動車を発明した結果、車社会に自らの生活を合わせなければならなくなる。インターネットを発明した結果、インターネットに依存して離れられなくなる。

> しかしまさしくその故に、ファウスト的人間は自己の創造の奴隷となったのだ。その数、それから生活規準の設計は機械によって一つの軌道に追いやられる。（中略）機械工業の経済界である。それは企業家ならびに工場労働者を強制して自己に服従させる。両者とも

**機械の奴隷であって主人ではない。**[28]

企業家も労働者も機械の奴隷になる世界では、誰が支配力をもつのであろうか。シュペングラーの答えは、「機械に精通している聖職者、技師」[29]である。つまり、エンジニアが支配者となるのだ。

シュペングラーが予言した世界は、百年後の今日、現実のものとなっている。

例えば、グーグル、アップル、フェイスブック、アマゾン、アリババなど、一部の巨大ＩＴ企業は、世界標準や世界共通のプラットフォームを形成している。こうした標準やプラットフォームは大勢の人々が使えば使うほど利便性が増し、他の人々もそれを使わざるを得ないようになっている。例えば、アップルのiPhoneを使用するには、それに標準装備されているアップル製ソフトウェアの利用をも承認しなければならない。一応、他社製のソフトウェアも搭載できるのだが、アップル製の方がスムーズに作動するようになっているのである。

企業は、標準プラットフォームを利用して自ら開発した製品やサービスを販売して利益を得ることができるが、プラットフォームが巨大である場合、その利用者は、プラットフォームの所有者に対する強い価格交渉力をもち得ない。こうして、プラットフォーマーたる巨大ＩＴ企業は、巨額の利益を独占的に享受する。

ＩＴのプラットフォームが強力な支配力を発揮できるのは、それがネットワーク効果を発揮するからである。ネットワーク効果とは、シュペングラーが言った「その数、それから生活規準の設計は機械によって一つの軌道に追いやられる」という現象である。つまり、ネットワークが大きくなればなるほど、集まるデータが増加し、ネットワークはいっそう効率的で強力になる。このため、プラットフォームを利用する企業や個人は、巨大ＩＴ企業によって、どれだけ余計な費用を支払わされようが、どれだけ経済活動を邪魔されようが、抵抗できなくなる。不利益を被っていることを知ることすら容易ではない。この仕組みは、まさに錬金術的と言ってよい。

このような巨大ＩＴ企業の手法は、当然、独占禁止法違反の疑いがある。しかし、巨大ＩＴ企業は提訴に備えて、強力な弁護士集団を擁し、また巨額の資金をロビー活動に費やしている。例えば、二〇一四年のアメリカ最大のロビイストは、グーグルである。巨大ＩＴ企業は、強力な政治力を獲得し、自社に都合よく法律を変えることができるのである。[*30]

こうして、シュペングラーが予言した通り、「ファウスト的人間は自己の創造の奴隷となった」のである。

## 技術の拡散

「始まりつつある崩壊の第三の、もっとも重要な兆候は、〈技術への裏切り〉と名づけたいもののうちにある」[*31]

シュペングラーが「技術への裏切り」と呼ぶものとは、西ヨーロッパや北アメリカが独占していた技術が非西洋諸国にも拡散し、西洋諸国の経済的優位性を脅かすことである。シュペングラーは、その技術の拡散が、生産拠点の海外移転や、企業秘密であるべき知識やノウハウの流出によって起きることを早くも看破していた。

周知の「工業拡散」が始まるが、それはもっと大きな利益を得るためには生産を買い手に近づけなければならないという考慮からのことでもある。製品だけの輸出に代わって、秘事の、すなわち方策、方法、技術者、組織家の輸出が始まる。発明家たちでさえも移住するのである。[*32]

その結果、西洋先進諸国の労働者は、非西洋諸国の低賃金労働者との激しい競争に巻き込まれ、西洋先進諸国における賃金の上昇は著しく困難になる。いわゆる「底辺への競争」である。これこそ、まさに現代のグローバリゼーションによって引き起こされている現象にほかならない。例えば、アメリカ経済の成長が終焉すると論じたロバート・ゴードンは、こう述べている。

コンピュータ時代が生み出した問題は、大量の失業ではなく、良質で安定した中程度のレベルの仕事が、ロボットやアルゴリズムだけではなく、グローバリゼーションと他国へのアウトソーシングによって次第に消滅すると同時に、比較的低賃金のルーティンの定型業務だけが増えていることである。[*33]

これを、次のシュペングラーの『人間と技術』からの引用と比較してみよう。

今日では、東アジア、インド、南アメリカ、南アフリカなど、いたるところに工業地帯ができたり、またできつつあるが、低賃金の結果として、死にもの狂いの競争を呈している。白人諸民族のかけがえのない〈特権〉は濫用され、投げ売りされ、見捨てられてしまったのである。（中略）〈このこと〉が、恐慌でなく、むしろ〈破局の始まり〉となった、白人諸国における失業の、究極的な原因なのである。[*34]

ここでシュペングラーが言う「今日」というのは、文字通り、我々が生きる百年後の「今日」と読み換えても差し支えないかのようではないか。

もっとも、ここに書かれていることは、百年前よりも現代によりいっそう当てはまる。

リチャード・ボールドウィンによれば、一八二〇年から一九九〇年までのグローバリゼーションは、「大分岐（the Great Divergence）」をもたらした。すなわち、主に西洋の先進諸国は工業化によってますます富み、世界経済において支配的地位を獲得する一方、非西洋世界の開発途上国は工業化が遅れ、南北格差が拡大した。これは、貿易の輸送コストが下がった一方で、知識の伝達のコストが依然として高かったためである。

これに対して、一九九〇年以降のグローバリゼーションは、ITの発達による知識の伝達コストの低下によって進展した。ITは、複雑な生産プロセスを分割して、国境を越えて分業し、連携させることを容易にした。多国籍企業は、生産プロセスを統合するため、労働集約型の業務のみならず、マーケティング、組織管理、技術のノウハウをも、ITを通じて低賃金の開発途上国に移転するようになった。いわゆる「オフショアリング」である。

このオフショアリングによって、開発途上国は工業化し、逆に先進諸国では脱工業化が進んだ。その結果、開発途上国の所得水準が上昇する一方で、先進諸国の所得水準は停滞した。その結果、南北格差が縮小する「大収斂（the Great Convergence）」が起きたのである。[*35]

したがって、ボールドウィンの議論によれば、シュペングラーが『人間と技術』を著した頃は「大分岐」の時代であり、シュペングラーが描いたような「大収斂」は、実際には、さほど起きていたとは言えないということになる。しかし、一九九〇年以降には、シュペングラーの言う「秘事の、すなわち方策、方法、技術者、組織家の輸出」、つまりオフショアリングがITの発達によって実現するようになり、その結果、先進諸国と開発途上国の格差が縮小する「大収斂」が引き起こされた。そして、先進諸国の労働者は、開発途上国の労働者との激しい競争にさらされ、賃金水準の抑圧や失業の問題に見舞われている。

シュペングラーが書いていたことは、百年後の予言であったのだ。

## 際限のない欲望がもたらす不幸

技術や経済成長は、地球環境を破壊し、自律した生活を困難にし、所得水準の低下や失業をもたらし、ひいては技術革新や経済成長そのものすら鈍化させる。しかし、こうした負の結果にもかかわらず、ファウスト的人間は、技術革新や経済成長の追求を止めることはない。

なぜならば、ファウストが「行為がすべて」と言ったように、ファウスト的人間にとって重要なのは、発明や事業といった行為そのものなのであって、その行為がもたらす結果についてはどうでもよいからである。ファウスト的人間は、盲目となったファウスト同様、引き起こされる結果には目もくれず、ただひたすら、技術の進歩や事業の拡大に向けて邁進する。技術者は、そのようなファウスト的人間の典型である。

実際、発明家の情熱は、その結果とは〈まったく関係がない〉のである。その情熱は、彼の〈個人的な〉生命本能、彼の〈個人的な〉幸福感や苦悩なのである。（中略）藍色の合成や、まもなく実現しそうな人造ゴムの合成のような化学的発明は、すべての国々の生活条件を破壊し、送電や水力開発は、ヨーロッパの旧来の炭鉱地帯を〈その住民もろともに〉無価値にしてしまった。こうした熟慮から、発明家が己れの成果を破棄したなどということが、今までにあっただろうか？[*36]

近年、ＡＩや遺伝子工学の発達が、将来、人類の生存自体を脅かすのではないかという倫理的な問題が取り沙汰されている。技術の進歩に対して、倫理的な観点から一定の制約を課すことの必要性が説かれている。それでも、ファウスト的な技術者は、そのような倫理的な制約などおかまいなしに、サイエンス・フィクションに登場するような恐るべき技術を実現するまで邁進するであろう。

しかし、際限のない進歩への欲求は、決して満たされることがないから、真の幸福に達することもない。死んだファウストを前にしたメフィストフェレスの次の台詞がそれを暗示している。

メフィスト
何であれ願いつづけ、求めつづけた。ついぞ満ち足りたことのない男だった。千々に変わる姿を追いつづけたあげく、哀れなやつめ、とどのつまりはできそこないの空虚な時を握りしめようとした。しきりにじたばたしていたが、時が勝って、老い朽ちたのが土に横たわっている。時計が――。[*37]

ファウストは、「時よ、とどまれ、おまえはじつに美しい」と口走ったことで命を落とした。時がとどまるということは、目標に到達したということである。目標を目ざした「行為」は、その目標を達成したら終了である。ファウストの生にとっては「行為がすべて」であるのだから、彼は目標を達成した時点で死ななければならないのである。逆に言えば、目標に達しない限りは生きているのだが、生きている間は、満足も幸福も得られない。目標を達成できていないからである。

人間の技術が労働を軽減するというのは真実ではない。どんな発明でもさまざまな新しい発明の可能性や〈必然性〉を含んでいるということ、また満たされた願望のどれもが他の無数の願望をめざめさせるということ、さらに自然に対するどんな勝利ももっと大きな勝利へとかきたてるということ、これらのことは動物の類の技術とは対照的に、変化する、個人的な人間の技術に属するものである。この肉食動物の魂は飽くことをしらず、決して己れの意欲を満足させることがない。——このことは、こうした種類の生に課せられた呪いなのであるが、しかしまたその運命における偉大さでもある。安らぎ、幸福、享楽というものが、まさにこの最高の見本どもには知られていないのである。*38

「行為がすべて」のファウスト的人間は、目標を達成したら燃え尽きて自滅するであろう。それでも、目標に向けた行為を続ける。それは、自滅するまで進み続けるということである。だから、西洋のファウスト的魂は、不幸な結果をもたらした挙句に、いずれ自滅するという運命にあるのだ。西洋が没落する運命にある所以《ゆえん》である。

それにもかかわらず、シュペングラーは、「西洋文明の超克」だの「ファウスト的魂からの脱却」だのといった思想を説くようなことはしない。不幸と自滅は、確かにファウスト的人間の「生に課せられた呪い」であるのだが、同時に「その運命における偉大さでもある」とシュペングラーは言うのである。

シュペングラーは、西洋文化のファウスト的魂を否定してはいない。それどころか、そこに偉大さを感じているのである。だが、その偉大さの先には没落の運命が待っている。要するに、シュペングラーは、西洋の没落の運命を積極的に受け入れるつもりでいるのだ。

しかし、不幸をもたらし、自滅へと向かうファウスト的魂が偉大であるとは、どういうことなのであろうか。それを知るためには、『西洋の没落』の解読作業をさらに先へと進める必要がある。

＊1―ゲーテ『ファウスト第一部』（以下、ゲーテⅠ）集英社文庫、二〇〇四年、三一頁。
＊2―ゲーテⅠ（2004: p.48）
＊3―ゲーテⅠ（2004: p.75）
＊4―ゲーテⅠ（2004: pp.98-9）
＊5―シュペングラー（1986: p.10）
＊6―シュペングラー（1986: p.11）
＊7―ゲーテ『ファウスト第二部』（以下、ゲーテⅡ）集英社文庫、二〇〇四年、三三〇頁。
＊8―ゲーテⅡ（2004: p.386）
＊9―ゲーテⅡ（2004: p.388）
＊10―ビンスヴァンガー『金と魔術――「ファウスト」と近代経済』法政大学出版局、一九九二年、六八‐七〇頁。

＊11―ゲーテII（2004: p.393）

＊12―ビンスヴァンガー（1992: p.63）

＊13―ゲーテII（2004: p.400）

＊14―シュペングラーII（1989: p.409）

＊15―シュペングラー（1986: p.92）；シュペングラーII（1989: p.409）

＊16―シュペングラー（1986: p.95）

＊17―シュペングラー（1986: p.93）

＊18―ビンスヴァンガー（1992: pp.44-5）

＊19―ゲーテII（2004: p.28）

＊20―Farrenkopf (2001: pp.204-6)

＊21―シュペングラー（1986: p.107）

＊22―ゲーテII（2004: p.405）

＊23―シュペングラー（1986: p.109）；シュペングラーII（1989: p.412）

＊24―シュペングラー（1986: pp.111）

＊25―ビンスヴァンガー（1992: pp.88-90）

＊26―シュペングラー（1986: p.106-7）

＊27―シュペングラー（1986: p.101）

＊28―シュペングラーII（1989: p.412）

＊29—シュペングラーII（1989: p.412）
＊30—ロバート・B・ライシュ『最後の資本主義』東洋経済新報社、二〇一六年、四八－五四頁。
＊31—シュペングラー（1986: p.114）
＊32—シュペングラー（1986: p.116）
＊33—Gordon（2016: p.604）
＊34—シュペングラー（1986: pp.116-7）
＊35—Richard Baldwin, *The Great Convergence: Information Technology and the New Globalization*, Belknap Press, 2016.
＊36—シュペングラー（1986: p.98）
＊37—ゲーテII（2004: p.406）
＊38—シュペングラー（1986: p.80）

# 第六章　金融の支配

## 政治と経済

シュペングラーは、文明の時代には、知性と貨幣が支配するようになると述べた。彼の言葉を再掲する。「経済は金もうけのためには自由であり、科学は批評において自由である。そこであらゆる大きな決定に際して書物と集合とにおいて知能が代表となり、――デモクラシー――そうして貨幣が利益を占め――プリュトクラシー――となる。そうして結末は決して理念の勝利ではなく、資本の勝利である」。

さらに文明の没落が進むとこうなる。「貨幣が知性を破壊し去ったのちに、デモクラシーは貨幣によってみずから破壊される」[*1]。

しかし、『西洋の没落』は、この「貨幣支配時代」という終末的な段階に至ると、最後に「なお古い高貴な伝統に生きるすべてのものに対する深い憧憬」あるいは「血の力」が目覚めると予言する。それをシュペングラーは、「皇帝主義」あるいは「カエサル主義」と呼ぶ。そして、「デモクラシーと皇帝主義との間に、独裁的貨幣経済の指導力と皇帝連の純然たる政治的秩序意志との間に最後の決戦がおこなわれるのである」。この政治と経済の最終決戦の結果、政治が勝利してその失地を回復する[2]。

シュペングラーはこのように予言するのであるが、政治と経済の最後の決戦について、彼はどのような事態を想定しているのだろうか。「社会主義」あるいは「皇帝主義」が意味するものとは、いったい何であろうか。そして、それは、本当に到来するのだろうか。その答えを探るためには、シュペングラーの経済哲学を踏まえておく必要がある。それは、『西洋の没落』の最終章に描かれている。

第三章で述べたように、政治は現存在の領域に属するものであるが、経済もまたそうだとシュペングラーは言う。「経済と政治とは一つの生きた流れつつある現存在の面であって、覚醒存在、知性の面ではない。（中略）この二者はいわば歴史を有しているのでなく、歴史なのである。これを支配しているものは、ふたたびもどってこない時間、『何時』である[3]」。

経済が覚醒存在の面ではなく、現存在の面であり、歴史であるということは、経済理論の体系によって経済を理解することはできないということである。「各経済生活は一つの魂の生活の表現」であり、その魂を究明するためには、経済理論とはまったく異なるアプローチが必要となる。「その成果を挙げるためには人間通の人、馬通の人であると同様に識者でなければならない。そうして『知識』は必要はない。騎手が動物学について何か『知っている』必要のないのと同じである」[*4]。

ここで言う「識者」とは、オークショットの言う「実践知」の持主である。政治の理解には「技術知」では不十分であり、「実践知」を要するのであるが、それは経済の理解についても同じだということである。

経済自由主義であれ、マルクス主義であれ、経済理論は、経済を「技術知」によって分析し、普遍的に妥当する経済の法則を見出そうとする。言わば「経済における合理主義」である。

経済理論は、経済というものが（「ふたたびもどってこない時間」という意味の）歴史であるという認識を欠いている。その点において経済自由主義もマルクス主義も、さして変わりはない。ゆえに両者は、現実を前にして、同じように失敗するだろう。このシュペングラーの指摘は、まことに鋭い。「この考察方法が体系的であって、歴史的でないがゆえに、それは自己の概念と規則との無時間的妥当性を信じ、『経済管理』の唯一の正しい方法を確立しようとする野心を有しているのである。そのゆえにそれは、自己の真理が事実と接触したところではどこでも完全な失敗を見るのである。たとえば一次大戦の勃発に際してブルジョア理論家のなした予言、プロレタリア理論家のなしたソヴエ《(ママ)》ト経済の設定がそうであった」[*5]。

ここでシュペングラーが言う世界大戦勃発時の「ブルジョア理論家」（経済自由主義者）の予言とは、この戦争は総動員が経済に対して及ぼす影響のゆえに数週間で終わるだろうというものだった。「プロレタリア理論家」（マルクス主義者）の予言の誤りについては、言うまでもない。

ただし、シュペングラーは、経済自由主義ともマルクス主義とも異なる「理論体系」を打ち立てようとしたのではない。そもそも「理論体系」によって経済を理解しようとすることが間違いだと言っているのである。経済には「体系」はない。あるのは、「相貌」である。その経済の「相貌」を観ることが必要なのである。

ただし、経済と政治は、同じ「現存在」あるいは「生活」であっても、側面が異なることに注意が必要である。「経済的体制のうちに存するものは、ただ自己自身のためだけの現存在の流れであり、政治的体制のうちにあるものは、他との関係のための現存在の流れである」[*6]。

言い換えれば、経済は生活の私的領域に属し、政治は公的領域に属する。この公私の二つの領域には、価値の順位がある。公（政治）が私（経済）よりも上なのである。この順位は、死というものを例にとるとはっきりする。政治の領域においては、人間はある崇高な理念の犠牲となって、壮烈な死を遂げることがある。それによってその人間の品位は高められる。これに対して、経済の領域における死とは、餓死である。餓死は不名誉であり、恥辱である。したがって、「戦争はあらゆる偉大なことの創造者であり、飢餓はその破壊者である」[*7]という次第となる。

歴史には、この政治と経済の対立という二重の意味がある。文化の成長期には、政治がより優ってくる。しかし、文化が退潮し、文明の時代となると、政治は後退し、代わって経済がせり出してくる。要するに、高尚な理念や名誉よりも、豊かさや享楽が重んじられるようになるのである。「その時こそ、『飢えと恋』とが現存在の衝動力であるという平凡な諺が、恥じなしということをやめる時であり、人生の意義をなすものが任務に対して強くなることでなく、多数者の幸福、安易と快適、『パンと芝居』とであるときであり、そうして大政治にかわって経済政策が自己目的として現われるときである」[*8]。

この政治に対する経済の優位が、文明の末期の姿だというのであれば、現代世界は、まさにこの状態にあろう。

こうなると、もはや大政治家というものの登場は、およそ期待できなくなる。国家政策は、単なる経済的利益の最大化のための管理技術へと堕する。現代風に言えば、政治や行政に民間のビジネス・センスが導入されるようになるのだが、それは政治の死を意味する。「たんなる経済的利益を目ざすもの、たとえばローマ時代のカルタゴ人、また今日ではさらにはなはだしい程度でアメリカ人は、純粋に政治的に思考することができない。かれは高等政治の決定に当たっては、ウィルソンの例の示すように、とくに政治家的本能の欠乏が道徳的気分で補われる時にはつねに利用され、欺かれる」[*9]。

この「純粋に政治的に思考することができない」ために「道徳的気分」で欺かれやすい人々の例として、現代であれば、「アメリカ人より、さらにはなはだしい程度で日本人」と追加してもよいであろう。

## プリュトクラシー

政治というものが、単なる経済的利益の追求と同一視されるようになると、デモクラシーはさらに進んで「プリュトクラシー（金権政治）」となる。大企業家や富裕者が政治的指導者となって、ビジネスのセンスで国家を運営するようになる。「そうして成熟したデモクラシーにおいて『成りあがり者』の政治は、たんに事業と一致するばかりでなく、大都市の投機事業の最も汚らしい種とも一致するのである」[*10]。まさに、これを文字通りに体現したのが、不動産業で財を成し、議員の経験をまったく経ずにアメリカ大統領にまで成り上がったドナルド・トランプである。

シュペングラーが文明の末期症状と診断したプリュトクラシーであるが、現代アメリカの政治がプリュトクラシーに陥っていることについては、すでに多くの指摘がなされている。

例えば、経済学者のジャグディシュ・バグワティは、一九九八年の論文で、ウォール街の勢力がアメリカの政府中枢に深く入り込み、金融機関の利益のために金融規制の緩和を進めていることを厳しく批判した。そして、このようなアメリカの政治体制を「ウォール街・財務省複合体」と呼んだのである。[*11]

IMF（国際通貨基金）のチーフ・エコノミストであったサイモン・ジョンソンは、ジェームズ・クワックとの共著において、巨大金融機関が政治を支配下に置くようになった原因について、次の三つを特定している。

第一に、金融業界は、巨額の政治献金を行った。金融業界の政治献金は以前から多かったが、一九九〇年代以降はその額が特に急増しており、一九九〇年には六一〇〇万ドルであったものが二〇〇六年には二億六〇〇〇万ドルにまで達した。その当然の帰結として、金融業界は強力なロビー団体となった。

例えば、金融業界は、一九九九年に上院銀行委員会委員長に就任したフィル・グラムに対してロビー活動を行い、その結果、グラムは一九九九年、グラム＝リーチ＝ブライリー法の成立に尽力した。この法律は、世界恐慌を受けて一九三三年に制定されたグラス＝スティーガル法が定めた商業銀行と投資銀行の分離の規制を撤廃するものであった。

二〇一〇年一月、アメリカ合衆国連邦最高裁判所は、「Citizens United v. Federal Election

Commission（シチズンズ・ユナイテッド対連邦選挙管理委員会）」事件において、政治資金管理団体の「スーパーPAC（政治行動委員会）」を通じた無制限の資金利用を認める判決を下した。さらに、二〇一四年四月の連邦最高裁判決は、候補者個人や政治資金管理団体への二年間の選挙サイクルにおける一人当たりの献金総額の上限規制について、違憲との判断を示した。[*12]企業による無制限の政治献金が可能となったのでは、もはやプリュトクラシー（金権政治）を防ぐ手はない。実際、二〇一二年のアメリカ大統領選において、スーパーPACを通じた選挙資金の八割は、個人による一〇万ドル以上の寄付で占められたが、その寄付者の数はわずか一九六人であった。[*13]

第二に、金融業界は、政府部内の主要ポストにウォール街出身の人材を送り込み、また政府要人をウォール街に迎え入れた。ウォール街とワシントンの間は「回転ドア」のように人材が行き来し、人脈の太いパイプが形成された。そのパイプを通じて、金融業界は政治に対する支配力を強めたのである。

例えば、クリントン政権の財務長官ロバート・ルービン、財務次官ゲーリー・ゲンスラー、そしてジョージ・W・ブッシュ政権の財務長官ヘンリー・ポールソン、財務次官ロバート・スティールは、金融最大手ゴールドマン・サックス出身である。ゴールドマン・サックス出身者は、ニューヨーク連銀総裁、行政管理予算局長などの要職にも就いた。また、リーマン・ブラザーズで役員を務めたロジャー・アルトマンはクリントン政権の財務副長官に、ベアー・スターンズのリー・ザックスはクリントン政権の財務副次官補に就いた。

そして、財務長官ルービンや同省首席補佐官マイケル・フロマンはシティ・グループに移り、ニューヨーク連銀総裁のジェラルド・コリガンはゴールドマン・サックスに移った。

二〇一七年に大統領に就任したトランプは、このような官民のエリートたちの癒着を批判することで大衆の人気を博していたが、実際には「ウォール街・財務省複合体」が揺らぐことはなかった。トランプが財務長官に指名したスティーブン・ムニューシンと、国家経済会議委員長に指名したゲーリー・コーンは、ゴールドマン・サックスの出身であった。また、アメリカ証券取引委員会（SEC）委員長に指名されたジェイ・クレイトンは、ウォール街と関係の深い弁護士である。

第三に、ジョンソンらは、これがおそらく最も重要であると述べているが、「ウォール街の金融産業の利益は、アメリカにとってもよいことだ」という思想や価値観の影響力が支配的となったことである。アメリカ人は、終に「純粋に政治的に思考すること」を完全に放棄したのである。

無制限の政治献金、人材の「回転ドア」、そして金融業界の利益とアメリカの利益を同一視する風潮、これらが「ウォール街・財務省複合体」を不動のものとしたのである。「どこからどう見ても、ウォール街はこの国を乗っ取っていた」とジョンソンらは嘆いている。[*14]
百年前にシュペングラーが「純粋に政治的に思考することができない」と評したアメリカは、終に「貨幣が知性を破壊し去ったのちに、デモクラシーは貨幣によってみずから破壊される」という予言の通りとなってしまったのである。

## 貨幣をもってする思考

ただし、没落期に出現する「貨幣支配時代」とは、政治が経済に従属するプリュトクラシーにとどまらない。

文明が没落へと向かう時、覚醒存在が過剰となり、現存在から乖離し、やがては現存在を弱らせる。政治の領域においては、それは「政治における合理主義」として現れ、そして大衆煽動政治へと帰結する。それと同じ現象が、経済の領域においても起きるのである。

経済自体は現存在であり、貨幣は、本来であれば、その一部を成す覚醒存在に過ぎなかった。しかし、文明の時代においては、貨幣という覚醒存在が現存在を支配するようになる事態が展開されるのである。

覚醒存在の過剰と現存在からの乖離は、都市化とともに引き起こされるが、貨幣の支配もまた、都市化と深く関わっている。都市が出現する以前、人々が農民として生活し、その生活が大地に根差していた頃には、財はその大地から生産されたものであることが明確に意識されていた。財が、大地に根差した生活と結びついていたのである。そして、その頃の市場は、そうした財の交換を仲介する場に過ぎなかった。

やがて、都市が出現する。そして、都市生活という、大地に根を下ろさない新たな生活形態が誕生し、都市が市場の場となると、財と大地との本来の結びつきも忘れ去られる。都市の中の財の循環は、農村地方におけるそれとは異質なものとなる。

> ……純粋の都市人は本来の土地的な意味では生産的でない。このことは決定的なことである。都市人に欠けているものは、土地との内的結合ならびにかれの手のなかを通る財との結合である。かれはそれとともに生活しないで、それを外部から、そうしてただたんに自己の生活基準に関連してだけしか見ない。
>
> これによって財は商品となり、交換は取り引きとなり、そうして財をもってする思考に代って貨幣をもってする思考が現われる。*15

都市化以前の「財をもってする思考」とは、財の価値をそれぞれの財がもつ質の面から具体的に評価する思考様式である。これに対して「貨幣をもってする思考」とは、財を、市場取引における金銭的価値すなわち市場価格によって一律に評価する思考様式である。

経済像は財の本質的特徴をなす質とは関係なく、もっぱら量に帰せられる。初期時代の農民にとっては、「かれの」牛はまず第一にこの一つの存在であり、次にはじめて交換財である。純然たる都市人の経済的観点から見れば、偶然にも牛という形をした抽象的な貨幣価値があるだけであって、この牛はいつでもたとえば銀行券という形に変えることのできるものである。[*16]

都市化（文明化）以前においては、牛の価値は、農民が生活の中でその牛を実際にどのように使うのかを知らなければ、評価できなかった。しかし、都市化（文明化）以後は、牛の価値は市場において価格という数字で評価される。その牛が農民の生活の中でもつ意味など、考える必要はない。

マルクス主義の用語を使えば、「財をもってする思考」とは、財の「使用価値」を評価することだと言える。これに対して、「貨幣をもってする思考」とは、財を「交換価値」によってのみ評価することである。

要するに、「貨幣をもってする思考」とは、財の価値を、貨幣価値という数的な抽象概念に還元する思考様式なのである。その思考様式の中では、財の価値は、その財が実際の生活の中で有する使用価値から「引き抜かれた（abs-tractes）」つまり抽象されたものとして理解される。貨幣とは、まさに現存在から乖離した覚醒存在にほかならない。財の価値が、具体的な生活から独立した市場によって、貨幣価値という抽象的・数的な基準で評価されるようになると、財の市場から独立した金融市場というものが可能となる。

この種の思考によって、生活と土地とに結びついた所有は、本質上、動産的で、質的に不定な質産となる。資産は財から成るのでなく、財に「投資」されるのである。それ自身で考察すれば、それは貨幣価値の純然たる数的量である。

都市はこの思考の場所として、金融市場（貨幣市場）と価値の中心点とになり、そうして貨幣価値の流れに浸透し、知能化し、これを支配し始める。[17]

この文明の段階で、「貨幣取引とともに、生産者と消費者との間に、二個の分離した世界の間におけるように、商売生活を支配する思考のある『仲介人』が出現する」「この思考に通ずるものは貨幣の主人である」[18]。

この「仲介人」「貨幣の主人」とは、言うまでもなく金融機関のことである。特に「貨幣の主人」について、シュペングラーは「金融市場の近代的海賊もふくむ。かれらはゾラが有名な小説のなかにえがいたように、仲介を仲介し、『貨幣』という商品でとばくをやるのである」[*19]と注記しているが、「金融市場の近代的海賊」とは投機家のことである。

かつては、貴族と農民という、土地に定住して生活する純粋な「現存在」としての身分が存在した。貴族や農民にとって、彼らの土地は彼らの生活に固有の意味をもつものであった。そして、そうした土地に根付いた貴族や農民が、文化を支えていたのである。

ところが、金融市場は、土地を生活から切り離して、誰にでも転売可能な金融商品へと変えてしまう。土地所有者にとって、土地は、かつての貴族や農民とは異なり、自らの生活に固有の意味をもつものではなく、単なる金融資産と化す。シュペングラーの用語で言えば、現存在としての土地が覚醒存在化されるのである。

こうなると、土地と結びついていた貴族や農民といった「身分」も失われる。貴族や農民が支えていた文化も衰退を余儀なくされる。こうして金融市場は、文化を滅ぼすのである。

……「土地を動産化する者はこれを土芥のなかに失う」という、フライヘルン・フォン・シュタインの警告は、すべての文化の危険をさすものである。貨幣は、所有を攻撃しえないときには、農民的なまた貴族的な思考自身のなかに侵入する。その時には、家族とともに成長した相続財産は、土地と地面とにたんに投資され、それ自身で動産となった資産と思われてくる。貨幣はすべての事物の動産化を目ざしている。世界経済は、抽象的な、思想的に土地からまったく離れた流動的な価値をなす、事実化した経済である。[*20]

これは、およそ百年後に、サスキア・サッセンが現代の金融の能力について指摘していることと、ほぼ同じである。シュペングラーが「貨幣はすべての事物の動産化を目ざしている」と述べたように、サッセンは、金融とは「経済の中のあらゆるものを証券化する能力」であると言う。さらにサッセンは、この証券化により金融は「経済や政府を自らの成功を測る基準に従わせる」ものだと論じた上で、こう続けている。

証券化には建物や品物や負債を金融の流れの中に配置し直すことも含まれ、そこでそれらは流動的になり、あらゆる市場で販売することができて、繰り返し売買することが可能になる。金融は過去二〇年間に非常に複雑な手段を開発し、優雅な債務のみならず、中古車ローンや小規模自治体の債務も含む、よく知られる品目までも証券化してきた。いったん一つの投入資本が証券化されると、金融工学がしだいに投機性を増す長大な一連の商品を開発し続ける（すべてはその最初のステップの『安定性』に依存する）。したがって、これは非常に特殊で特異で危険な能力である（金融の一種である特殊な形のデリバティブが米国で長らく違法とされていたことを銘記する必要がある。デリバティブがシカゴの商品市場でふたたび合法化されたのは一九七三年のことだった）[*21]。

サッセンは、あらゆるものを証券化する金融の能力が投機をもたらす危険性について述べているが、その典型例が、サブプライム・ローン（低所得者層向け住宅ローン）の証券化によって引き起こされたサブプライム危機及びリーマン・ショックである。特にリーマン・ショックは、世界恐慌以来の世界金融危機であった。

シュペングラーが『西洋の没落』を書いていた時、彼は言うまでもなく一九二九年に始まる世界恐慌を知らなかった。しかし、十九世紀後半から二十世紀初頭にかけての資本主義は投機的な性格が強く、したがって金融危機をしばしば引き起こすものであった。一八七〇年から一九二〇年までの間に限定しても、一八七三年のドイツ及びオーストリアとアメリカ、一八八二年のフランス、一八九〇年のイギリス、一八九三年のアメリカとオーストラリア、一九〇七年のフランス及びイタリアで、金融危機が発生している[*22]。

しかし、第二次世界大戦後、新たな経済体制が構築される中で、世界恐慌の反省から、金融市場に対する規制の強化や、中央銀行による「最後の貸し手」機能や積極財政など、金融危機を予防あるいは克服するための環境が整備され、深刻な金融危機は起きにくくなった。
ところが、一九八〇年代以降、金融市場の自由化が進められ、ブームに対する制約が緩められた。同じ頃、金融政策は、物価の安定、すなわち低インフレが最大の目的とされるようになった。このため、低インフレ下での資産バブルの発生が看過されがちとなった。さらに一九九〇年代以降になると、グローバリゼーションが進展して投資活動が活発化し、ブームが煽られた。しかも、中国など新興国が低賃金労働力や安価な製品を供給するようになったため、物価上昇や賃金上昇を抑制する圧力が働き、低インフレが維持された。これは、金融引き締め策を遅らせることとなり、資産バブルは放置されがちになった。[*23]
その結果、資本主義は、再びカジノと化し、金融危機を繰り返すようになったのである。その主なものとしては、一九八七年のニューヨーク株式市場の暴落（ブラック・マンデー）、九〇年代初頭のアメリカのS&L危機や日本のバブル崩壊、メキシコ、ロシア、アジアの通貨危機、二〇〇〇年代初めのITバブルの崩壊、二〇〇七年のサブプライム危機、翌年のリーマン・ショック、そしてそれに引き続くユーロ危機などが挙げられる。
特に二〇〇八年のリーマン・ショックの影響は大きく、これ以降、世界経済は長期停滞に陥ることとなった。ところが恐るべきことに、発行済みのデリバティブの総額は二〇〇八年の危機の発生直前には、世界のGDPの総額の十倍以上に当たる六〇〇兆ドルに達していたが、それは危機によって一時的に減少した後に再び増加に転じ、二〇一三年前半には一〇〇〇兆ドル以上にまで達したのである。銀行の資産価値も、危機の直前の一六〇兆ドルから、二〇一〇年の二〇〇兆ドルへと増加し、その後も増大し続けた。「金融のパワー、そしてそれを危険なものにしているのは、たとえ家庭や経済や政府が価値を失っても、自らの価値を増やせるその能力にある」[*24]とサッセンは言う。

金融は、土地に根差した経済生活とは無関係に動く能力を有するものであるから、当然にして、領土という土地をも超えてグローバル化する。あらゆるものを証券化する金融の能力とは、「地政学・主権、法制度、国家と経済の関係、経済セクターにかかわらず、企業・家庭・政府の債務と資産を金融化することである」[*25]。

グローバリゼーションとは、第一義的には、世界経済の金融化（financialisation）であると言える。それは、まさにシュペングラーが言ったように「抽象的な、思想的に土地からまったく離れた流動的な価値をなす、事実化した経済」なのである。

第二章において見たように、サッセンはグローバル・シティの分析において、金融がグローバル・シティの出現と深く関連していることを明らかにしたが、シュペングラーに言わせれば、グローバリゼーション、グローバル・シティ、金融はいずれも「覚醒存在」の形態なのだから、それも当然である。そして、それこそが貨幣が支配する文明の姿であった。

……世界経済、すなわちあらゆる文明の経済は世界都市経済と名づけられるべきものである。経済の運命もまたただ少数の地点だけで、金融市場だけで、バビュロンにおいてテェベ、ローマにおいて、ビュザンチウム、バクダッドにおいてロンドン、ニューヨーク、ベルリン、パリにおいてだけで決定される。その他の残部は自己の隷属がどんなに広いかを知らないで、あわれにも活動範囲を小さく区切っている地方経済である。（中略）したがって文明とは、伝統と人格とがその直接の効果を失い、そうしてすべての理念が実現されるためには、まず第一に考えを改めて貨幣に変えられなければならない文化段階をいうのである。最初には人は強力であったから財を有していた。今や貨幣を有しているから、強力なのである。貨幣こそ知能を王座にのぼらせるものである。デモクラシーとは、貨幣と政治権力との同等化の完成されたものである。[*26]

## 貨幣の独裁

金融化はグローバルな現象であるが、その起点となり、またそれが最も進展したのは、現代では、言うまでもなくアメリカであった。

アメリカが金融化していった経過は複雑であるが、簡潔にまとめるなら、次のようになる。

一般に金融化が進展したのは、一九八〇年代以降のこととされる。しかし、その淵源は、一九七〇年代初頭のリチャード・ニクソン政権にまでさかのぼることができる。[*27]

ニクソン政権の経済政策担当者たちは、自由で開放的な国際金融市場によってアメリカの経済覇権を強化しようと考えていた。自由な国際資本移動は、西ヨーロッパや日本など国際収支黒字国の通貨に上昇圧力をかけ、アメリカに有利な政策調整が他国の負担で実現するであろう。加えて、開かれた自由な国際金融市場の創出によって、投資家たちは世界通貨であるドルを資産として保有することをいっそう選好するので、アメリカの経済覇権はより盤石なものとなるであろう。[*28]このように考えられていたのである。

ニクソン政権は、このような自由な国際金融市場によってアメリカの覇権的地位を保障するという、ある種の「貨幣をもってする思考」に基づき、固定為替相場制と資本移動の規制に基づく「ブレトン・ウッズ体制」を崩壊させ、変動為替相場制へと移行するとともに、国際資本移動に対する規制を緩和した。後のグローバリゼーションへの道が、こうして拓かれたのである。

しかし、ジミー・カーター政権が、一九七六～七七年に不況を克服するために拡張的な財政金融政策を実施すると、それによる国際収支赤字の拡大と国内のインフレによって、ドルの国際的な信認が失われ、一九七八～七九年にドルの急落を招いた。

一九七九年にFRB（連邦準備制度理事会）の議長に就任したポール・ヴォルカーは、このインフレとドル危機に対処するため、極端な高金利政策を実施した。この高金利政策の結果、海外資本が未曽有の規模でアメリカに流入し、アメリカ国内の信用供給は大幅に拡大した。しかも、一九八〇年代前半の金融当局は、極端な高金利政策を継続した。それは、一九八〇年に銀行に対する金利規制（レギュレーションQ）を廃止したため、信用供給を制約する規制手段がなく、金利をより高く引き上げるよりほかなかったからである。その上、この時期、国内金融市場の規制緩和が実施されたため、信用供給はさらに拡大した。金融機関の利益は、信用供給の膨張に伴って飛躍的に増大したが、その一方で、金利の変動は激しくなり、経済の不確実性が著しく高まった。

さらに一九九〇年代半ば以降、アメリカのグローバル金融戦略は、クリントン政権下のロバート・ルービン財務長官とローレンス・サマーズ財務次官（後に財務長官）によって、いっそう徹底的に進められた。冷戦の終結によって、唯一のスーパー・パワーとしての地位を手に入れたと考えたアメリカは、その金融の力によって、新たな国際秩序を建設しようと企てたのである。

こうした一連の金融戦略の結果、金融部門の肥大化、いわゆる「金融化」が進展することとなった。*29

金融部門のGDP寄与度は一九七八年には三・五%であったが、二〇〇七年には五・九%にまで伸びた。金融業界が保有する資産は、一九八〇年にはGDP比で五五%であったが、二〇〇〇年には九五%にまで膨らんだ。金融部門の利益は一九八〇年頃までは非金融部門とほぼ同じペースで推移しているが、一九八〇年から二〇〇五年になると、金融部門の利益は八〇〇%伸びたのに対し、非金融部門の利益の伸びは二五〇%にとどまった。銀行の平均報酬も、一九五五〜八二年は民間部門平均と同程度であったのが、二〇〇七年には二倍に達したのである。[*30]

金融業の隆盛とは対照的に、製造業は衰退へと向かった。アメリカの製造業における雇用者数は、一九九七年には一七四二万人であったが、十年後の二〇〇七年には一三八八万人に減少した。GDPに占める貿易赤字の割合は一九八〇年には〇・九%であったが、一九九〇年には一・九%になり、二〇〇七年には五・九%にまで拡大したのである。[*31]

この製造業の衰退は、金融化の進展と無関係ではない。

金融化は、企業に対して短期的な収益の最大化を求める金融市場の圧力を強める。金融に支配された製造業は、中長期の成長に必要な設備投資や研究開発投資よりも、目先の利益の獲得のために、その資金を振り向けるようになるのである。また、金融化により金利が不安定化し、不確実性が高まったため、製造業は中長期的な見通しを立てることが困難になり、その視野をますます短期化させることとなった。製造業がこのような短期主義に陥っては、革新的な技術開発は困難となり、製造業は衰退を余儀なくされる。第一章で論じたように、エドマンド・フェルプスは、企業の短期主義と「生気」の減退を嘆いたが、その原因の一つは、金融化にあったのである。

フレデリック・エリクソンとビヨン・ウェーゲルも、画期的な技術革新が起きにくくなっている原因の一つとして、金融化を挙げている。[*32] また、国際決済銀行のスティーブン・チェケッティらは、二十カ国について三十年間のデータを使って分析し、金融部門が成長すると生産性は低下するという結果を導き出している。[*33] 金融化は経済の成長力を弱めるのだ。

日本経済は、アメリカ経済以上の長期停滞に苦しんでいるが、そのきっかけは、一九八〇年代後半のバブル経済とその崩壊という金融化に起因している。しかも、バブル崩壊後の不況の中で、日本はアメリカ経済を範とした構造改革を実施し、金融化をさらに推し進めてきたのである。日本経済が成長しなくなったのも当然である。何の不思議もない。[*34]

ここにきて我々は、第一章で論じた現代世界の経済停滞及び技術革新の鈍化が、シュペングラーによって予言された西洋文明の没落を示すものであると断言することができるであろう。

没落の局面においては、「貨幣が知性を破壊し去ったのちに、デモクラシーは貨幣によってみずから破壊される」とシュペングラーは述べたが、貨幣による知性の破壊とは、金融化による技術進歩の鈍化を意味する。そして、デモクラシーが貨幣によって自壊するとは、プリュトクラシーのことであり、これもすでにアメリカで完成している。
シュペングラーは、グローバル化した金融が製造業すらも破壊し、やがて独裁権力の座に就くであろうと、はっきりと予言していた。

しかし同様に巨大なものは、この知能の力に対する貨幣の攻撃だ。産業でさえも農業のようにまだ土地に結びついている。産業はその所在地とその土地とに流れこむ原料の源泉を持っている。ただ金融力は全然自由で、全然抑えられない。銀行としたがって取引所とは一七八九年以来、尨大に成長して行く産業の信用需要において、自己自身の権力にまで発展した。そうしてあらゆる文明における貨幣のように、唯一の権力たろうと欲する。生産経済と略奪経済との間の古くさい争いは、知能の沈黙している巨大戦争に高まって行く。この戦争は世界都市の舞台の上で戦われているのである。それは技術的思考が自己の自由のために貨幣による思考に対して行なう絶望戦争だ。[*35]

長期停滞、技術革新の鈍化、製造業の衰退は、いずれもファウスト的魂の発明者文化が弱体化していることを示唆している。西洋のファウスト的魂は、そのファウスト的魂自身が生み出した際限のない金融化、すなわち貨幣の攻撃によって、衰弱しているのである。

ファウスト的魂の自滅的な末期症状をもう一つ挙げよう。それは、グローバリゼーションの鈍化である。

世界の国内総生産（GDP）に占める世界貿易の比率は、二〇〇八年から二〇一五年まで、横ばいで推移し、戦後最長の停滞を記録している。ほぼ同じ時期GDP比でみた海外直接投資のフローも、著しく低下し続けている。[*36] 世界経済の景気動向を示すバルチック海運指数は、二〇一六年に、一九八五年の算出開始以来の最低値を更新した。

このグローバリゼーションの鈍化の契機となったのは、二〇〇八年の世界金融危機である。世界金融危機という貨幣の攻撃によって、グローバリゼーションの原動力であったファウスト的魂が挫折を余儀なくされたのだ。にもかかわらず、金融化は、世界金融危機の後も、その拡張を止めていないことはサッセンが指摘した通りである。まさに、貨幣の独裁と言うべき時代が到来しているかに思われる。

しかし、シュペングラーは、この貨幣の独裁の後に、「なお古い高貴な伝統に生きるすべてのものに対する深い憧憬」「血の力」「社会主義」「皇帝主義」「カエサル主義」が覚醒し、「独裁的貨幣経済の指導力と皇帝連の純然たる政治的秩序意志との間に最後の決戦がおこなわれる」という予言も残している。この皇帝主義の時代は、『西洋の没落』第一巻の年表によれば、だいたい二〇〇〇年から二二〇〇年の間であるとされている。[*37]

十数年の誤差は無視した上でシュペングラーの予言を真に受けるならば、二十一世紀初頭の現在、「独裁的貨幣経済」が成立しているのであるから、この後は、政治と経済の最後の決戦が行われるはずである。そして、その決戦の後、皇帝主義（カエサル主義）の時代が到来するということになる。

ただし、『西洋の没落』は皇帝主義の到来を予告するだけで、その詳細を明らかにしないまま、終わってしまうのである。

シュペングラーは、貨幣の独裁の後に、いったい何を見たのであろうか。

*1―シュペングラーII（1989: p.384）
*2―シュペングラーII（1989: p.384）
*3―シュペングラーII（1989: p.386）
*4―シュペングラーII（1989: p.386）
*5―シュペングラーII（1989: p.386）
*6―シュペングラーII（1989: pp.386-7）
*7―シュペングラーII（1989: p.387）
*8―シュペングラーII（1989: pp.387-8）。引用元の文に「自己的」とあるのは「自己目的」の誤記と思われたので、修正し

た。

＊9—シュペングラーII（1989: p.390）

＊10—シュペングラーII（1989: p.391）

＊11—Jagdish N. Bhagwati, 'The Capital Myth: The Difference between Trade in Widgets and Dollars,' *Foreign Affairs*, Vol. 77, No. 3, 1998, pp.7-11.

＊12—https://jp.reuters.com/article/l4n0mv05t-usa-court-election-idJPTYEA3202D20140403

＊13—https://www.thenation.com/article/000063-percent-election/

＊14—サイモン・ジョンソン、ジェームズ・クワック『国家対巨大銀行——金融の肥大化による新たな危機』ダイヤモンド社、二〇一一年、第四章。

＊15—シュペングラーII（1989: p.395）

＊16—シュペングラーII（1989: p.395）

＊17—シュペングラーII（1989: pp.396-7）。引用元に「支配し初める」とあるのは「支配し始める」の誤植と思われるので修正した。

＊18—シュペングラーII（1989: p.397）

＊19—シュペングラーII（1989: p.397）

＊20—シュペングラーII（1989: p.398）

＊21—サスキア・サッセン『グローバル資本主義と〈放逐〉の論理——不可視化されゆく人々と空間』明石書店、二〇一七年、一四六－一四七頁。

＊22—Charles P. Kindleberger, *Manias, Panics, and Crashes: A History of Financial Crises*, Third Edition, MacMillan, 1996, pp.208-9.

＊23—Claudio Borio, 'The Financial Cycle and Macroeconomics: What Have We Learnt?' *BIS Working Papers*, No. 395, December, 2012.

＊24—サッセン（2017: p.146）

＊25—サッセン（2017: pp.147-8）

＊26—シュペングラーII（1989: p.398）

＊27—Eric Helleiner, *States and the Reemergence of Global Finance: From Bretton Woods to the 1990s*, Cornell University Press, 1994, p.115.

＊28—Helleiner（1994: pp.112-5）

＊29—Greta R. Krippner, *Capitalizing on Crisis: The Political Origins of the Rise of Finance*, Harvard University Press, 2012.

＊30—ジョンソンとクワック（2011: p.79, p.113）

＊31—Thomas I. Palley, *From Financial Crisis to Stagnation: The Destruction of Shared Prosperity and the Role of Economics*, Cambridge University Press, 2012, Ch. 4.

＊32—Fredrik Erixon and Björn Weigel, *The Innovation Illusion: How So Little Is Created by So Many Working So Hard,* Yale University Press, 2016.

＊33—http://www.bis.org/publ/work381.pdf

＊34―中野剛志『真説・企業論――ビジネススクールが教えない経営学』講談社現代新書、二〇一七年、第七章。

＊35―シュペングラーII（1989: pp.412-3）

＊36―Gary Clyde Hufbauer and Euijin Jung, 'Why Has Trade Stopped Growing? Not Much Liberalization and Lots of Micro-protection,' *Peterson Institute for International Economics*, April 20, 2016.

＊37―シュペングラーI（1989: p.65）

# 第七章 貨幣と財政

## 『ファウスト』における貨幣

文明の没落期は、貨幣支配時代となる。シュペングラーは、そう予言したのだが、問題は、その支配者たる「貨幣」とは、何を意味するかである。シュペングラーの貨幣観を正確に理解しておかなければ、その予言の暗示するところを知ることはできない。

加えて、『西洋の没落』を解釈する上で、貨幣を理解することが重要である理由がもう一つある。

シュペングラーはゲーテの影響を強く受け、西洋文化を「ファウスト的」と特徴づけたが、そのゲーテの『ファウスト』では、貨幣が極めて重要な役回りを演じているからである。しかも、『ファウスト』が示唆する貨幣観は、シュペングラーの歴史哲学全体と極めて深いつながりをもっているのである。

その貨幣観は、『ファウスト』第二部の冒頭に登場する。その場面では、メフィストフェレスが皇帝に対して、帝国の財政難を解決するために、金貨の代わりに紙幣を発行することを提案するのである。

この提案に対して、帝国の宰相は、紙幣の有効性に疑念を抱き、悪魔に騙されるなと警告する。その宰相に対して、メフィストフェレスは、こう言う。

メフィスト
学のあるお方ですな、口ぶりからわかります。手にふれないのは遠くにあって、つかまなければ持っていない。計算できないのは信じられず、量れないものは目かたがない。鋳造した貨幣でないと通用しないと、一事が万事そんなふうにお考えだ。[*1]

メフィストフェレスの提案を受け入れた皇帝は、次のような文書を発出する。「知りたいと望むすべての者に告げる。この紙片は千クローネの価がある。皇帝領内に埋もれた無尽蔵の宝が保証する。すぐにも掘り出して兌換《だかん》にあてる用意がある」。[*2]

なおも紙幣の有効性を訝しく思う皇帝に、ファウストはこう口添えする。

ファウスト
尽きることのない宝が、お国の地下深くに眠っています。役立つ日を待っていた。どれほど遠大な考えも、この富を前にしてはシミのごとしで、どれほど高く想像が羽ばたいても、地下のゆたかさには及ばない。深く見透すことのできる者だけが、無限のものに無限の信頼を抱けるのです。[*3]

この紙幣の価値は、「皇帝領内に埋もれた無尽蔵の宝が保証する」ことを領民が信じることによって担保されているのである。

こうして発行された紙幣は、金貨と並び立つ貨幣として瞬く間に流通した。そして、帝国の財政難を解消することに成功したのである。

## 商品貨幣論と信用貨幣論

この場面は、「貨幣とは何か」という重大な問題を提起している。

金貨であれば、その中に含まれている貴金属の価値によって裏付けることができるのかもしれない。しかし、紙幣は、単なる紙片に過ぎない。にもかかわらず、紙幣は何故に貨幣として価値をもち得るのであろうか。

現在、貨幣を巡る学説には、大きく分けて「商品貨幣論」と「信用貨幣論」の二つがある。[*4]

商品貨幣論とは、物々交換の効率の悪さを克服するために、交換手段として利便性の高い「物」として金属貨幣を導入したと考える学説である。金属貨幣は、金銀などの貴金属でできており、それ自体が価値のある「商品」として取引される。紙幣は、金属貨幣より使いやすい交換手段であるという理由から用いられるようになったが、その紙幣の価値の根拠は、あくまでも貴金属との兌換（交換）が保証されていることによる。これが、商品貨幣論である。

この商品貨幣論を支持するのは、古くはアリストテレスにまでさかのぼる。現在の主流派をなす経済学は、アダム・スミスを開祖とする「古典派」、及びその後継たる「新古典派」という系譜をもつが、この「古典派」及び「新古典派」経済学もまた、商品貨幣論に立っている。一般に流布している貨幣観もまた、商品貨幣論であろう。

『ファウスト』に登場する帝国の宰相もまた、主流派経済学同様、商品貨幣論に立っていた。それゆえ、メフィストフェレスによって「学のあるお方ですな」と冷やかされたのである。

しかし、この商品貨幣論は、貴金属との兌換が保証されない不換紙幣の存在によって反証されてしまっている。例えば、米ドルは、一九七一年に金との兌換が停止されているにもかかわらず通貨として流通し続けているが、商品貨幣論ではこの現象を説明できないのである。

また、商品貨幣論は、貨幣が物々交換から発生したと説明するが、そのような歴史的事実は未だ発見されていない。むしろ、歴史は、貨幣の価値とその貨幣に含まれている貴金属の価値とが無関係であった事実を示している。

例えば、イギリスでは、十七世紀後半、摩損によって重量を大きく減らした銀貨が流通したが、物価はまったく影響を受けなかった。また、十八世紀末から四半世紀の間、ポンドは、金との兌換を停止されていたが、通貨として流通していた。それどころか、ポンドが国際通貨としての地位を固めたのは、まさにこの時期である。日本でも、例えば律令国家が鋳造した金属貨幣の価値は、その貨幣中の金属の量とは無関係であった。[*5]

こうしたことから、商品貨幣論は、主流派経済学がそれに立脚し、通俗的な貨幣観にも合致しているにもかかわらず、支持し得ないのである。

貨幣に関するより有力な学説は、「信用貨幣論」である。

信用貨幣論とは、貨幣を「商品」ではなく、「負債」の一種とみなす説である。例えば、イングランド銀行は、その季刊誌（二〇一四年春号）に掲載された入門的な解説の中で、「今日、貨幣とは負債の一形式であり、経済において交換手段として受け入れられた特殊な負債である」[*6]と述べ、信用貨幣論を支持している。

このイングランド銀行による解説は、貨幣が負債であるということの意味を分かりやすく説明するために、孤島におけるロビンソン・クルーソーとフライデーによる物々交換という想定から説き起こしている。[*7]

例えば、クルーソーは野いちごを集め、フライデーは魚を獲ってきて、二人が野いちごと魚を同時に交換する。この場合は、貨幣はなくとも、取引が成立する。

しかし、このような同時点での物々交換が成立するのは、まれである。実際に行われる取引の多くは、異時点間の交換であろう。例えば、クルーソーが夏に野いちごを収穫してフライデーに渡し、フライデーは秋に獲った魚をクルーソーに渡すというような場合がある。

この場合、夏の時点では、クルーソーにはフライデーに対する「信用」が生じ、反対にフライデーにはクルーソーに対する「負債」が生じることになる。そして、秋になって、フライデーがクルーソーに魚を渡すと、フライデーのクルーソーに対する「負債」は消滅する。

実際の取引では、財・サービスの移転と決済との間には、このような時間差というものがあるのが通例である。このため、財・サービスの「売り手」と「買い手」との間には、先のクルーソーとフライデーの例のような「信用／負債」関係が発生する。この「信用／負債」関係は、負債の返済によって解消される。

この例から明らかなように、我々が通常「売買取引」として理解しているものは、実は、「信用取引」なのである。

ただし、現実の経済における財・サービスの取引は、多くの主体の間で行われるため、「売り手」と「買い手」の間の「信用／負債」関係は無数に存在する。しかも、各主体は、財・サービスの買い手であると同時に売り手であり、貸し手であると同時に借り手である場合も多い。このように、無数の「信用／負債」関係が複雑に絡み合っている現実の経済では、二者間だけで「信用／負債」関係を解消することは極めて難しい。例えば、クルーソーが有するフライデーの自分に対する負債は、そのままでは、フライデーから魚を得ることしかできない。

そこで、ある二者間の関係で定義された「負債」と、別の二者間の関係で定義された「負債」とを相互に比較し、決済できるようにするために、負債を計算する共通の表示単位が必要になる。この共通の負債の表示単位というのは、例えば、円やドルやポンドのことである。

要するに、「負債」を円やドルやポンドといった共通の計算単位で表示したものを、我々は「貨幣」と呼んでいるのである。これが、信用貨幣論の基本的な考え方である。

## 貨幣の創造

さて、「貨幣とは負債である」という信用貨幣論に立つと、債務を負えば誰でも貨幣を創造できるということになるはずであろう。しかし、実際には、誰の負債でも貨幣として受け取られるというわけではない。[*8] というのも、負債には、デフォルト（債務不履行）の可能性が付きまとうからである。それゆえ、デフォルトの可能性がほとんどないと信頼される特殊な負債だけが、「貨幣」として受け入れられ、交換手段として用いられるのである。

現代経済において、そのような「貨幣」として流通するものは、一般に、「現金通貨（中央銀行券と鋳貨）」と「銀行預金」である。ここで、「銀行預金」が貨幣とみなされているのは、現代経済においては、銀行預金は、給料の受け取りや貯蓄に使われているように、事実上、貨幣として機能しているからである。しかも、現代経済では、貨幣の大半を占めるのは銀行預金であり、現金通貨はわずかに過ぎない。

現金通貨（のうち中央銀行券）を創造するのは中央銀行であるが、預金通貨（銀行預金）を創造するのは商業銀行である。

このうち、貨幣の大半を占める預金通貨の創造については、先のイングランド銀行の季刊誌（二〇一四年春号）が、次のように解説している。[*9]

一般的に、銀行は、民間主体が貯蓄するために設けた銀行預金を原資として、貸出しを行っていると考えられがちである。しかし、この通俗的な見解は、間違っている。

実際には、銀行は、預金という貨幣を元手に貸出しを行うのではない。その逆に、貸出しによって預金という貨幣が創造されるのである。そして、借り手が債務を銀行に返済すると、預金通貨は消滅する。

例えば、銀行が、借り手のA社の預金口座に一〇〇〇万円を振り込む場合、それは銀行が保有する一〇〇〇万円の現金をA社に渡すのではない。単に、A社の預金口座に一〇〇〇万円と記帳するだけである。この銀行は、何もないところから、新たに一〇〇〇万円という預金通貨を生み出している。銀行は、言わば、無から有を生むことができるのである。

さて、銀行は、元手となる資金の量的な制約を受けることなく、潜在的には無限に貸出す能力をもつ。ただし、借り手側の返済能力は制約となる。銀行は、借り手に返済能力があると判断する限り、いくらでも貸出しに応じられるということである。

この信用貨幣を創造する銀行制度は、資本主義という経済システムにおいて中核的な役割を担っている。

というのも、銀行が元手となる資金の制約を受けずに貸出しを行うことができるおかげで、企業は、銀行から大規模かつ長期の資金を調達することができ、巨額の設備投資を要するような大事業を行うことが可能となるからである。もし、預金を元手に融資を行うという通俗的な銀行観が正しかったとしたら、企業は巨額の資金を要する大規模な事業を行うことは極めて困難であっただろうし、したがって、今日のような成長する経済というものもあり得なかったであろう。

歴史的に見ても、後述するように、十八世紀後半以降のイギリスの産業革命と産業資本主義の成立には、それに先立って、近代的な銀行制度が整備されていたという背景があった。

現代の資本主義経済は、無から有を生む銀行制度を基礎として成り立っているのである。

## 現代貨幣理論

これまで強調してきた通り、銀行は、元手となる資金がなくとも貸出しを行うことができる。とは言え、銀行は、預金の引き出しに備えて、一定の現金通貨を保有していなければならない。このため、銀行には、中央銀行に一定額の準備預金を設ける法的な義務が課せられている。日本の場合は、「日銀当座預金」がその準備預金に該当する。

中央銀行が保有する現金通貨と準備預金の合計は、ベースマネーと呼ばれている。

イングランド銀行の季刊誌の解説は、このベースマネーについても、通俗的な見方に反する見解を披露している。

その通俗的な見方というのは、「中央銀行は、ベースマネーの量を操作し、経済における融資や預金の量を決定している」というものである。この見方によれば、中央銀行がベースマネーの供給を増やせば、銀行の本源的な預金が増え、さらに銀行がそれを貸し出すことによって、貨幣供給の量が増えるということになる。実は、主流派経済学もまた、この通俗的な貨幣供給理論を採用している。

しかし、すでに述べたように、銀行による貸出しは、借り手の預金口座への記帳によって行われるに過ぎない。銀行の本源的な預金は、銀行の貸出し能力の制約にはなっていないのである。したがって、中央銀行がベースマネーの量を増やし、銀行の本源的な預金を増やしても、銀行の貸出し（すなわち預金通貨の創出）は増えないのだ。

もっとも、銀行は貸出しを増やせば、それに応じた準備預金も増やさなければならないので、準備調達の価格（すなわち金利）を調節すれば、銀行の融資活動に影響を及ぼし、貨幣供給を調整することができる。それゆえ、中央銀行の金融政策の主たる政策目標は、伝統的に、金利操作とされていたのである。

しかし、民間主体に借入れの需要がない場合には、準備預金を増やしたところで、銀行の貸出しは増えようもない。したがって、貨幣供給が増えることもない。貨幣供給量を決めているのは、あくまでも借り手の資金需要であって、貸し手の資金量ではない。企業などの資金需要の増大がなければ、貨幣供給量は増えないのである。

要するに、企業などの資金需要の増大が銀行の貸出しと預金を増やし、そしてベースマネーを増やすのであって、ベースマネーの増加が銀行の貸出しを増やすのではないのである。

ところが、二〇一三年に日銀総裁に就任した黒田東彦《はるひこ》は、インフレ率二％の目標を掲げ、その目標を達成すべく、大規模な量的緩和（ベースマネーの増加）を実行した。しかし、インフレを起こすには貨幣供給（銀行の貸出し）を増やさなければならないが、ベースマネーを増加させても貨幣供給量は増加しない。実際、二〇一三年三月から二〇一八年二月にかけて、日銀はおよそ四七五兆円もベースマネーを増やしたが、その間、物価はほとんど上昇しなかったのである。

さて、そもそも、銀行が中央銀行に一定額の準備預金を設けているのは、銀行預金からの現金の引き出しに備えるためである。例えば、家計による銀行預金からの現金の引き出しが大量にあった場合、銀行は、準備預金から現金を引き出して、家計に支払う。銀行預金は、現金通貨との交換が保証されることによって、貨幣としての価値を担保しているのである。

では、その現金通貨の価値は、どのように担保されているのであろうか。

現金通貨の価値は貴金属との兌換性によって保証されるとする商品貨幣論が誤りであることは、すでに明らかにした。だとすると、次なる問題は、「不換紙幣」は、なぜその価値を信頼され、取引手段として受け入れられているのか、である。

これについては諸説あり、依然として論争になっているが、最も有力と思われる説は、L・ランダル・レイが提唱する「現代貨幣理論（Modern Monetary Theory）」であろうと思われる。

レイの主張の要点は、「国家が貨幣を租税の支払い手段と定めていることで、貨幣の価値が担保されている」というものである。

まず、国家は、国民に対して納税義務を課し、「通貨」を納税手段として法定する。すると、国民は、国家に通貨を支払うことで、納税義務を履行できるようになる。こうして、通貨は、国家から課せられた納税義務を解消することができるという価値をもつのである。そして、その価値ゆえに国民に受け入れられ、財・サービスの取引や貯蓄など、納税以外の目的においても広く使用されることとなる。

つまり、貨幣の価値を基礎づけるのは、租税を徴収する国家権力だというのである。より厳密に言えば、租税の支払い手段であるということは、貨幣の「十分条件」だというのが、レイの理論である。彼の言い回しを借りれば、「租税が貨幣を動かす（taxes drive money）」のである。[*10]

## 財政問題

レイの現代貨幣理論は、通俗的な貨幣観を覆すと同時に、国家財政に関する考え方についても、コペルニクス的転回を迫るものである。具体的には、こうである。

通貨は、国家が納税手段として受け取るものである。それゆえに、財・サービスの取引や貯蓄など、納税以外の手段としても流通する。このシステムにおいては、政府はまず財政支出を行って、民間部門に通貨を供給することになる。政府は、財政支出より前に税を徴収したり、国債を発行したりすることはできないのである。[*11]

しかも、民間において通貨が納税以外の手段として使用されるためには、国家は税収以上の支出を行う必要がある。もし国家が通貨をすべて租税によって回収してしまったら、取引や貯蓄の手段として流通する分の通貨がなくなってしまうであろう。したがって、「『正常な』ケースは、政府が『赤字財政』を運営していること、すなわち、税によって徴収する以上の通貨を供給していることである」[*12]とレイは言う。

赤字財政は、不健全ではなく、むしろ正常な状態である。このような議論は、健全財政論が固く信じられている今日では、容易には受け入れがたいであろう。特に日本は、対GDP比政府債務が先進国中でも突出して高いことから、財政破綻を懸念する声が根強い。

例えば、財務省の財政制度等審議会「財政健全化に向けた基本的考え方」(平成二十六年五月)は、次のように述べている。

「諸外国と比較しても、歴史を振り返っても、我が国の債務は、ほとんど他に類を見ない水準まで累増しているが、これまでは家計が保有している潤沢な金融資産と企業部門の資金余剰という国内の資金環境を背景に、多額の新規国債と債務償還に伴う借換債を低金利で発行できている」

しかしながら、「高い家計貯蓄率と国内の豊富な資金余剰という、これまで国債の安定的消化に寄与してきた国内の資金環境が将来にわたって確実に維持される保証はなく、国債市場における海外投資家のプレゼンスが高まることも予想される。こうした中では、国債発行額を減らして債務残高を圧縮し、金利変動に伴う財政リスクを出来るだけ少なくする必要がある」。

　このように、財政制度等審議会は、民間金融資産の余剰が巨額の政府債務を可能にしているのであり、この余剰がなくなれば財政危機となると警鐘を鳴らす。

　しかし、この議論は、銀行が預金を元手にして国債を購入するという誤った見方に立っている。すでに論じたように、銀行の預金が企業に貸し出されるのではなく、その反対に、銀行の企業への貸出しが預金を創造する。銀行が企業ではなく、政府に貸し出す場合も同様である。銀行の政府に対する貸出しもまた、預金による制約を受けないのである。

　ただし、政府は企業とは異なり、民間銀行に預金口座を保有しているわけではなく、中央銀行にのみ開設している。したがって、例えば日本では、銀行が国債を購入するには、銀行が日銀に保有する当座預金残高を利用するしかない。その具体的な過程は、建部正義によれば、次のようなものである（図4）[*13]。

①銀行が国債（新発債）を購入すると、銀行保有の日銀当座預金は、政府が開設する日銀当座預金勘定に振り替えられる

図4

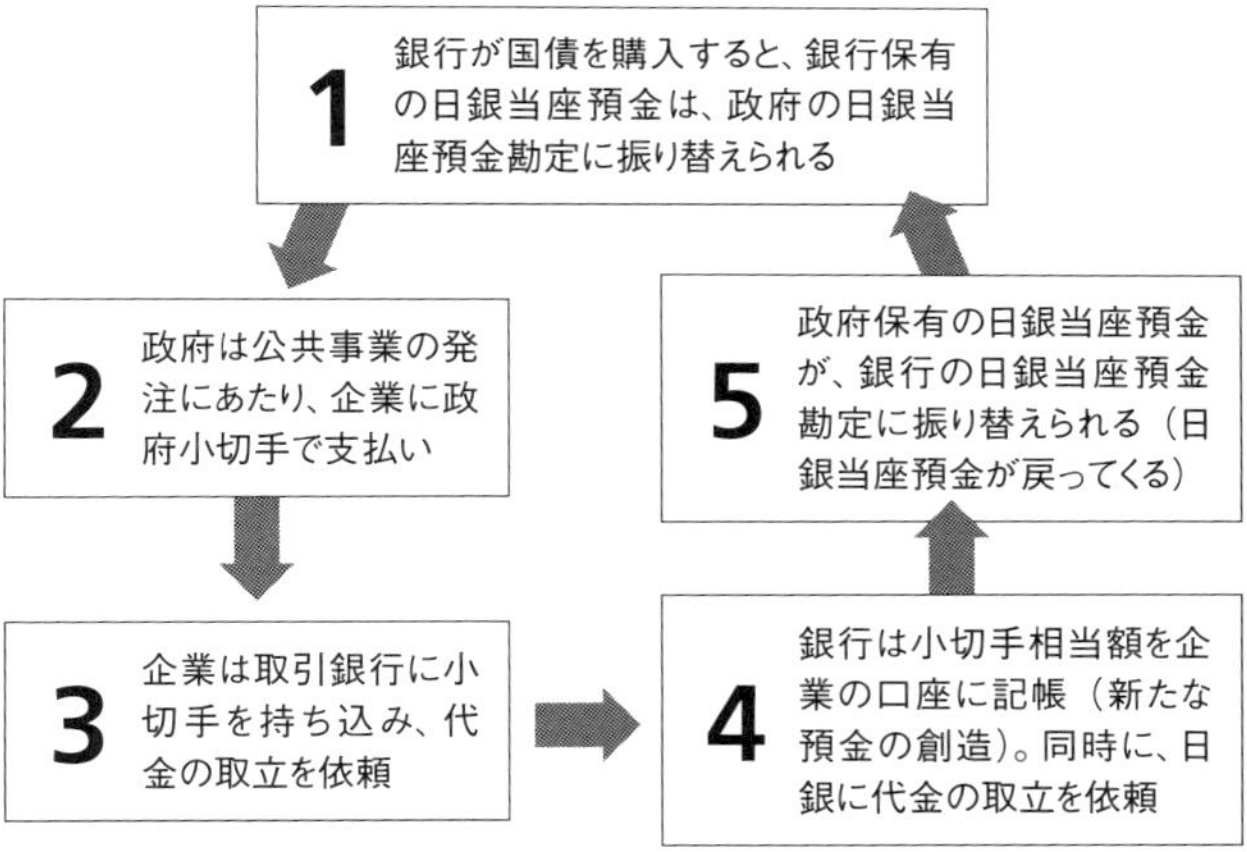
1
銀行が国債を購入すると、銀行保有の日銀当座預金は、政府の日銀当座預金勘定に振り替えられる
2
政府は公共事業の発注にあたり、企業に政府小切手で支払い
3
企業は取引銀行に小切手を持ち込み、代金の取立を依頼
4
銀行は小切手相当額を企業の口座に記帳（新たな預金の創造）。同時に、日銀に代金の取立を依頼
5
政府保有の日銀当座預金が、銀行の日銀当座預金勘定に振り替えられる（日銀当座預金が戻ってくる）

②政府は、たとえば公共事業の発注にあたり、請負企業に政府小切手によってその代金を支払う

③企業は、政府小切手を自己の取引銀行に持ち込み、代金の取立を依頼する

④取立を依頼された銀行は、それに相当する金額を企業の口座に記帳する（ここで新たな民間預金が生まれる）と同時に、代金の取立を日本銀行に依頼する

⑤この結果、政府保有の日銀当座預金（これは国債の銀行への売却によって入手されたものである）が、銀行が開設する日銀当座預金勘定に振り替えられる

⑥銀行は戻ってきた日銀当座預金でふたたび国債（新発債）を購入することができる

このように、政府の財政赤字は民間貯蓄によってファイナンスされるのではなく、その反対に、政府の財政赤字が民間貯蓄を生み出しているのである。しかも、①から⑥までの過程は無限に続き得る。したがって、レイが断言するように、「政府の赤字がそれと同額の民間部門の貯蓄を創造するのであるから、政府が貯蓄の供給不足に直面することなどあり得ない[*14]」。

なお、この過程が示すように、政府の財政支出（②）は、民間預金の創造（④）、つまり貨幣供給量の増加をもたらしている。逆に、政府が債務を返済すれば、貨幣供給量は減少する。このように、政府の財政政策は貨幣供給量を操作するものであり、その意味で、金融政策としても機能している。積極財政は金融緩和であり、緊縮財政は金融引き締めである。

信用貨幣論の理解によれば、企業に対する貸出しが借り手側の企業の返済能力に制約される。これと同様に、銀行の国債購入に制約があるとすれば、政府の返済能力にある。

では、その政府の返済能力は、どこに限界があるのであろうか。

結論から言えば、政府が、自国通貨建てで国債を発行している場合には、その返済能力には制約が存在しないのである。

というのも、政府は企業とは異なり、通貨発行の権限を有する。したがって、自国通貨建てで国債の返済ができなくなることは、（実際、過去に政治的意志によって返済を拒否しない限り）理論的にあり得ないし、そのような実例もない。返済不能となった国債は、いずれも自国通貨建て以外のものであった。

そして、日本政府の国債は、ほぼすべて円建てである。したがって、日本政府が財政破綻する可能性は、ほぼ皆無と言ってよい。

それにもかかわらず、財政制度等審議会は、これまでは恒常的に経常収支黒字（資本収支赤字）となっていたが、今後は経常収支赤字になる可能性があると警鐘を鳴らしている。

しかし、すでに確認したように、政府の財政赤字はそれと同額の民間貯蓄を生み出すのであって、民間貯蓄が財政赤字をファイナンスするのではない。それは、国際経済においても同じである。仮に日本が経常収支赤字になったとしても、日本の財政赤字を海外の資金がファイナンスするわけではない。

そもそも、日本が、海外から円を借りなければならない必然性はない。円という通貨を発行できるのは、日本だけだからである。海外の主体が保有する円も、元々は日本が創造したものである。

海外の主体が日本国債を保有するのは、国際取引を通じて入手した円の運用先として日本国債を選択したというに過ぎない。本来、円を創造できる日本に、海外の主体に日本国債を保有してもらわなければならない理由はない。したがって、仮に日本が恒常的な経常収支赤字になることが見込まれるのだとしても、それは財政健全化の必要性とは関係がない。

それでもなお、海外の主体の売り浴びせによる日本国債の暴落と金利急騰のリスクを懸念する声が根強くある。しかし、海外の主体が日本国債の保有を止めるならば、入手した円を売却しなければならないが、その円を購入した別の主体は、結局、入手した円で日本国債を購入できるようになるのである。したがって、日本国債の買い手がなくなるというわけではない。

加えて、国債暴落と金利高騰のリスクを回避することは、可能である。財政制度等審議会も「金利変動に伴う財政リスク」を懸念しているのだが、そのリスクは、中央銀行が国債を購入すれば、容易に回避できる。実際、日本銀行は量的緩和政策によって巨額の国債を購入しており、その結果、金利は歴史的な低水準で安定的に推移している。財政赤字の拡大による金利急騰のリスクなど、杞憂と言わざるを得ない。

財政赤字のリスクがあるとすれば、それは財政破綻ではなく、インフレーションの過剰である。

すでに述べたように、財政支出は貨幣供給量を増加させるが、貨幣供給量が過剰となれば、過度のインフレが引き起こされる。したがって、財政赤字の制約として考慮すべきは、物価水準であるということになる。これを言い換えれば、過度のインフレが起きない限り、国家財政に制約はないのであり、財政赤字は拡大してよいということである。

さて、現在、日本は長くデフレーションに陥っており、デフレからの脱却が課題となっている。ということは、財政赤字は拡大できるというだけではなく、むしろ拡大しなければならないという結論になろう。

## 『ファウスト』のモデル

以上の現代貨幣理論による貨幣と財政の議論を、『ファウスト』第二部の貨幣と財政についての物語と比較してみよう。

メフィストフェレスが提案した紙幣は、皇帝が領内の地下に眠る宝との引き換えを保証することで、貨幣として信頼されるものであった。これに対して、現代の貨幣においては、国家が引き換えを保証するのは納税義務の解消である。いずれも、国家権力が貨幣の価値を基礎づけているという点で同じである。

もっとも、メフィストフェレスの紙幣は、宝との兌換が保証されているという意味では、商品貨幣論に立っているようにも見える。しかし、実際には、地下に眠っている宝などは存在しない。架空の宝であるにもかかわらず、皇帝（国家権力）が兌換を保証することで、紙幣に文字通り「信用」が生まれているのである。したがって、メフィストフェレスの紙幣の価値を支えているのは、国家権力であると言うことができる。

また、この帝国領内の地下に眠る宝は、無尽蔵にあるとされた。無尽蔵であるということは、紙幣の発行に制約がないということである。だから、皇帝は紙幣の発行によって、いくらでも財政赤字を埋めることができたのである。

現代の国債もまた、図4の①から⑥の循環が示すように、民間金融資産による発行制約を受けない。政府の赤字がそれと同額の民間部門の貯蓄を創造するのであるから、民間部門の金融資産は、財政赤字を拡大する分だけ増加するのであって、ある意味、帝国領内の地下に眠る宝のように無尽蔵にあると言える。信用貨幣論を理解できれば、国債に対する信認とは、ファウストが言うように、「無限のものに無限の信頼」を抱くことだと分かる。財政制度等審議会は国債の信認が失われることを懸念しているが、それは信用貨幣論という基本的な理解を欠いているためである。

ビンスヴァンガーによれば、このゲーテの『ファウスト』の貨幣論には、歴史上のモデルが二つあるという。[*15]

その一つは、ジョン・ローによる「ミシシッピ」計画である。財政逼迫に悩んでいたフランスの摂政オルレアン君公に招かれたローは、一七一七年、北アメリカのフランス植民地を開発する「ミシシッピ会社」を設立し、同社の株式を担保とする不換紙幣を発行するという計画を提案し、それを実行したのである。この計画は不換紙幣の発行という点で画期的であったが、ミシシッピ会社の株式が投機化し、バブルとその崩壊を招いたことで、失敗に終わった。

しかし、もう一つのモデルの方は、大成功を収めた。それは、一六九四年に創設されたイングランド銀行である。

イングランド銀行は、九年戦争の遂行のために、巨額の戦費を調達しなければならない政府に対して、一二〇万ポンドを八%の金利で貸し付ける代わりに、資本金の範囲内で銀行券を発行する組織として設立された。

イングランド銀行はその圧倒的な規模から特別な存在となり、一六九七年の法律によって銀行券の発券業務を独占した。また、イングランド銀行券と同行の預金は、国家への納税などの支払いの手始めとして受け取られるようになったため、国家の貨幣と同等の地位を認められるようになった。一般の銀行も次第にイングランド銀行券を使用し、同行に預金口座を開設するようになった。こうして、イングランド銀行は「中央銀行」としての地位を得ることとなり、イングランド銀行を頂点とする、信用貨幣(銀行券や銀行預金)による全国的な支払決済システムが構築されていった。このようにして、近代的な金融システムが整備され、後の産業革命への道が拓かれたのである。[*16]

また、イギリス政府は、一七九七年、「銀行制限法」によってイングランド銀行券と金の兌換を停止した。この兌換停止は一八二一年まで続いた。これは、フランス革命後の対仏戦争の中で、フランスが金を国内に流入させる政策をとったため、イングランド銀行の保有する金が著しく減少したことによる、やむを得ない措置であった。しかし、この間、金兌換の制約から解放されたイギリスは、不換紙幣を増発することができるようになった。

この不換紙幣の増発は、結果的に、金融緩和の効果をもった。その結果、イギリスの国内総生産は、一七九〇年から一八一五年までの間、年率二・二五％のペースという、これまでにない成長を遂げた。

さらに、国家（中央銀行）が不換紙幣を発行できるようになったことで、イギリスは財政破綻のリスクからも解放された。実際、イギリス政府の累積債務は十九世紀前半には国民総生産の三〇〇％にまで達したが、財政は破綻しなかった。それどころか、この巨額の財政赤字の時期は、大英帝国が繁栄を謳歌した時代と一致しているのだ。[*17]

もっとも、だからと言って、当時の人々が、貨幣や財政に関して正しく理解するようになったわけではない。すでに述べたように、当時の古典派経済学は、商品貨幣論に立脚しており、不換紙幣に批判的であった。また、財政に関しても、健全財政論こそが正統教義であった。

しかし、そういった中で、ゲーテは貨幣と財政の本質をつかみ、それを『ファウスト』の中に織り込んでいた。現代の主流派経済学や財政制度等審議会の理解は、この二百年前のゲーテの叡智にはるかに及ばない。

ビンスヴァンガーが見事に解釈してみせたように、「経済の錬金術（傍点筆者）が分からない人は近代経済のもつ無気味な次元を把握することができないというのがゲーテの『ファウスト』からのメッセージである」[*18]。

極めて興味深いことに、ある作家が、日本の財政破綻を懸念して、こう書いている。「日本国の財政赤字も構造的な問題で、国家が無限に借金することはできないのですから（もしそれが可能なら錬金術〈傍点筆者〉になってしまいます）、このままでは危機はいずれ現実化するでしょう」[*19]。

しかし、その錬金術は、すでに実現していたのである。

## ファウスト的貨幣

さて、長くなったが、これまでの準備的考察を踏まえた上で、シュペングラーの貨幣観を議論することとしよう。

シュペングラーによれば、ギリシャ・ローマ文化は、「感覚的に現存している個体を拡がりの理想型」とする「アポルロン的」魂を有している。これに対して西洋文化を特徴づけるのは、世界の空間と時間を際限なく超越しようとする「ファウスト的」魂である。

シュペングラーは、この「アポルロン的」魂と「ファウスト的」魂を、数学、音楽、絵画、演劇、建築、宗教、政治体制など、様々な形態の中から見出すのであるが、その形態の一つに、貨幣がある。

すなわち、ギリシャ・ローマ文化の貨幣は「アポルロン的」貨幣（「ただ大いさとしての貨幣」）である。これに対して、西洋文化の貨幣は「ファウスト的」貨幣（「機能としての貨幣」）である。[*20]

ギリシャ・ローマのアポルロン的魂は、「大いさ」あるいは「体軀」、つまり感覚的に把握し得る限界を求め、それを越えようとはしない。このため、貨幣についても、貴金属の重量という感覚的に把握できる観念で理解しようとする。それは、すなわち鋳貨である。

「(紀元前）六五〇年ごろ、ドリス神殿の石の体軀と四方から自由に見ることのできる彫像と同時に、鋳貨、すなわち美しく鋳られた形の金属重量もまた生じた。大いさとしての価値は久しい前から存在していて、この文化自体と同じように古いのである[*21]」

「貨幣としての鋳貨は純然たるギリシャ・ローマ的現象であって、全然エウクレイデス的に考えられた環境にあってだけ可能なのである[*22]」

このアポルロン的貨幣とは、言うまでもなく商品貨幣論の貨幣観である。

しかし、ギリシャ・ローマ文化が衰退して「貨幣支配時代」に入った頃、すなわちハンニバルの時代以降、貨幣が不足するという現象が起きた。鋳貨の供給量は、金属の量の制約を受けるから、貨幣需要が高まると途端に不足するのである。そこで、金属に代わる「新しい貨幣化しうる体軀に対してはげしい渇望が生じた」。それが、奴隷という体軀である。アポルロン的貨幣思考は商品貨幣論であるから、奴隷という商品も貨幣化できるのである。「例えばコリントスの破壊されたとき、彫像が鎔解されたことと住民を奴隷市場に売り出したこととは、ギリシャ・ローマ思考にとっては同一操作であった。どの場合でも体軀的対象を貨幣にかえたことなのである[*23]」。

ローマ時代に奴隷が膨大に出現したのは、貨幣不足の中で、奴隷が貨幣化されたからであったとシュペングラーは論じる。アポルロン的貨幣思考は、デフレを克服するために奴隷の供給量を拡大したのである。

このアポルロン的貨幣と対照をなすのが、西洋文化のファウスト的貨幣である。ファウスト的貨幣とは、「価値がその作用に存し、そのたんなる存在に存しない機能として、力としての貨幣の象徴である[*24]」。

このファウスト的貨幣思考こそ、信用貨幣論にほかならない。信用貨幣は、単に記帳するだけで創造することができる。そのことをシュペングラーは正確に理解していた。

……Quod non est in lbris, non est in mundo（帳簿にないものは世界にない）。しかし

ここで考えられた関数的貨幣（この貨幣だけがギリシャ・ローマ鋳貨と比較されていいものである）の象徴は帳簿記入ではなく、さらにまた手形でも小切手でも紙幣でもなく、この機能を記帳によって完成させる行為である。[*25]

ファウスト的貨幣思考（＝信用貨幣論）は貨幣を負債とみなすが、この負債という概念は、ファウスト的数学が発明した「積分」に対応する。アポルロン的数学では「積分」を理解できないように、アポルロン的貨幣思考では「信用貨幣」を理解できないのである。

シュペングラーは、ギリシャ・ローマ文化の夏である紀元前六五〇年頃に鋳貨が登場したのと同じように、西洋文化の夏にあたる一四九四年に、イタリアのフラ・ルカ・パチョーリが複式簿記を発明し、負債を記録するようになったことは画期的であったと言う。

……「これは人類知性の最も美しい発明の一つである」とゲーテは『ヴィルヘルム・マイステル』のなかで述べた。事実においてその発明者は同時代のコロンブスとコペルニクスと比肩しておとるべきでない。[*26]

先にクルーソーとフライデーの取引の例で述べたように、信用と負債の関係は、異時点間の取引を意味する。信用には、「時間」という重要な要素が介在しているのである。この「時間」の観念こそが、西洋のファウスト的魂を特徴づけるものであるとシュペングラーは強調する。

> 西欧の諸民族のなかで、機械的時計を発明したのはドイツ人である。これは流れる時間の恐ろしい象徴である。無数の鐘楼から夜となく昼となく、西ヨーロッパに鳴り響くその音は、歴史的な世界感情のできる限りのおそらく最も驚くべき表現である。無時間的なギリシャ・ローマにおいては、田舎にも都市にもこの種の何物もなかった。（中略）プラトンは初めて、実際に時計として使うことのできるクレプシュドラ（水時計）の模型をアテナイに輸入した。もっと後になって、あまり大切でない日常の道具として、日時計が入ってきた。しかしそれらはギリシャ・ローマの生活感情を少しも変えはしなかったのである。[*27]

西洋の「時間」の観念がなければ、信用貨幣は成立し得ない。信用貨幣は、まさにファウスト的魂の産物なのである。

そこで思い出すのが、ファウストの最期である。ファウストは「時よ、とどまれ」と口走ったために死んだ。時間が止まるということは、ファウスト的魂の死を意味する。それは同時に、信用貨幣があり得なくなるということでもある。信用貨幣が成り立ち得なければ、それを基礎としてきた近代資本主義経済も、不可能となる。ファウストが、メフィストフェレスとの間で、時間と魂を賭けの対象にしたことの象徴的な意味の深さが改めて分かるであろう。

ところで、信用貨幣が西洋文化のファウスト的魂を表しているのであるならば、アダム・スミス以来の古典派そして新古典派経済学は、なぜ商品貨幣論を踏襲しているのであろうか。

それは、シュペングラーの説によれば、スミスが経済学を創始したのが、不幸にも擬古主義の時代に当たっていたからである。マルクスもまた、商品貨幣論に立っていた。「この点においてマルクスはアダム・スミスと同様に擬古主義者であり、ローマの法思想の純然たる産物である[*28]」。

しかし、現実の成長する近代資本主義経済の動態は、アポルロン的な金属貨幣からは到底生まれ得なかったであろう。ファウスト的な経済を可能にしたのは、ファウスト的な信用貨幣である。「ファウスト様式の貨幣は、ファウスト様式の経済動力学からひき抜かれた力である[*29]」。

信用貨幣は、無から生まれる有である。それは、銀行制度による信用創造過程によって、金属重量という分量の制約をはるかに越えて、無限に増殖し得る。

……貨幣をもってする思考は貨幣を生む。これが世界経済の秘密である。大様式の組織者が紙の上に百万と書けば、その百万は存在する。というのは経済中心としてのかれの人格が、かれの領域の経済エネルギーをこれに相応して高めることを保証するからである。[*30]

信用貨幣はファウスト的であるから、空間の限界を超越しようとする。信用貨幣＝ファウスト的貨幣は、グローバリゼーションを志向するのである。

……帳簿価値の抽象的体系は複式簿記によって人格から遊離し、そうしてそれ自身の内的動学力によって活動し続けている。その帳簿価値が支配するにおよんで、初めて地球を力の場としてまわる近代資本を生み出したのである。[*31]

グローバリゼーションとは、前章において論じたように、「経済の中のあらゆるものを証券化」する金融化でもある。「ファウスト的貨幣思考はすべての大陸、巨大な河流地域の水力、広大な地方の住民の筋力、炭層、原始林、自然法則を『開発』し、これを金融的エネルギーに変えている[*32]」。

そして、このグローバリゼーションと金融化の果てに待っているもの、それは「独裁的貨幣経済」である。シュペングラーは、そう予言したのである。

## ヨーロッパの独裁的貨幣経済

今日、我々は、シュペングラーが予言した「独裁的貨幣経済」の姿を実際に目の当たりにしている。それは、共通通貨ユーロに支配されたヨーロッパ経済である。

共通通貨ユーロは、欧州連合設立条約であるマーストリヒト条約の規定により、超国家的機関であるECB（欧州中央銀行）が発行する通貨である。ユーロ加盟国は、自国通貨の発行権を放棄しなければならない。また、ユーロ加盟国には、財政赤字をGDPの三％以下、政府債務はGDPの六〇％以下に抑える義務が課せられている。ECBがユーロ加盟国の国債を引き受けたり、債務危機国を救済したりすることも禁じられている。

ECBの最大の使命は、物価の安定（すなわちユーロの貨幣価値の維持）とされた。その理由は、国際金融市場にユーロの貨幣価値が一定であると確信させ、ユーロを需要させるためであった。

もし、ユーロ加盟国が完全雇用を求める国内政治の圧力によって積極財政政策や低金利政策をとり、インフレを引き起こすようであれば、ユーロの貨幣価値は下がり、ユーロは国際金融市場の信認を失う。資本はユーロ経済圏から流出し、金利が高騰するのである。このような事態を防ぐため、ユーロ加盟国は通貨発行権を剥奪され、財政主権にも大幅な制限が加えられたのである。

しかし、インフレを抑制し、貨幣価値を維持するということは、利子率を高めに維持するということを意味する。したがって、失業率はそれに相応して高くなり、賃金上昇は抑制されることになる。国際金融市場におけるユーロの信認を得るために、ユーロ加盟国の国民は、賃金の伸びや雇用を犠牲にすることになるのである。これは、言い換えれば、ユーロ加盟国の国民生活が国際金融市場に従属しているということを意味する。まさに、貨幣の支配である。

ECBによるユーロ加盟国の国債引き受けが禁止されたのも、ユーロの貨幣価値を維持するためである。中央銀行による国債引き受けは、無制限の貨幣創造を可能にするものであるが、それが禁じられたのである。

その結果、ユーロ加盟国は、国債を民間金融機関に売却するしかなくなった。もしユーロ加盟国が債務を負った場合には、民間主体と同様に、財政黒字によってそれを返済しなければならないのである。

つまり、ユーロ加盟国は、不況を克服するために財政赤字を拡大することができなくなったということである。このため、ユーロ危機後の深刻な不況の中、債務を拡大させた東ヨーロッパや南ヨーロッパの国々は、積極財政どころか、むしろ緊縮財政を強いられることとなり、国民は高い失業率という犠牲を強いられたのである。

そもそも、共通通貨ユーロという制度は、貨幣の価値を国際金融市場に委ねるという思想の下に設計されているのだが、この制度設計には、次のような根本的な矛盾があった。

ユーロの価値を維持するためには、投資家たちがユーロを資産として需要する必要がある。しかし、ユーロが資産として保有されるということは、その分、支払い手段としては流通しないということになる。つまり、ユーロの供給量はより減少し、デフレ圧力が発生するのである。

要するに、貨幣を資産として需要することと、貨幣を支払い手段として流通させることとの間には、根本的な矛盾があるのである。ところが、ユーロの設計者たちは、国際金融市場におけるユーロの需要の方を重視し、支払い手段という貨幣の根本的な役割を看過していた。その結果、共通通貨ユーロという制度は、慢性的なデフレ圧力を発生させる仕組みを内蔵することになってしまったのである。[*33]

繰り返し述べたように、ユーロの制度設計の基礎にあるのは、金融政策の最優先課題はインフレの抑制（貨幣価値の維持）であるという思想である。この思想が先進諸国の経済学者や経済政策担当者の間で強い影響力をもつようになったのは、一九八〇年代以降のことである。

ジョン・スミシンは、一九八〇年代以降、反インフレ政策が顕著になった背景には、金融階級の利害があったと論じている。[*34]

インフレは貨幣価値が下落する現象であるから、債権の価値が実質的に下がり、債務の負担は実質的に軽減される。したがって、インフレによって金融階級は損をするが、労働者階級は得をすることとなる。反対に、デフレは債務者たる労働者階級を苦しめるが、債権者たる金融階級には有利に働く。したがって、もし政治が金融階級に支配されるようになるならば、経済政策は低インフレを最優先課題とすることになろう。

果たせるかな、金融化が進み始めたのは一九八〇年代以降のことであるが、それと並行して、先進各国の金融政策は低インフレを最優先とするものになり、財政政策についても、歳出削減など財政健全化が目指されるようになったのである。

物価水準を抑制するための政策は、金融引き締めと緊縮財政だけではない。貿易の自由化や労働移動の自由化、特に移民の流入もまた、賃金や物価の上昇を抑える効果をもつ。グローバリゼーションは、全般的に強力なデフレ圧力を発生させるのである。

財政健全化やグローバリゼーションはデフレ圧力を発生させて、一般国民に、賃金水準の抑制や失業といった犠牲を強いる。しかし、富裕層や金融機関が保有する大量の債権の価値はむしろ上昇する。財政健全化やグローバリゼーションは、大多数の国民の利益を犠牲にして、一部の金融階級に恩恵を与えるのである。これこそ、「独裁的貨幣経済」の姿にほかならない。

一九八〇年代以降、アメリカでも日本でも、健全財政とグローバリゼーションを是とする思潮が支配的である。その結果、アメリカでは「ウォール街・財務省複合体」の下で格差が著しく拡大し、日本は長期のデフレから抜け出すことができなくなった。にもかかわらず、健全財政とグローバリゼーションに対する抵抗は弱く、これらが覆される気配は乏しい。アメリカも日本も、独裁的貨幣経済と化しているのである。

だが、やはり独裁的貨幣経済の最たるものは、共通通貨ユーロによって文字通り支配されたヨーロッパであろう。恐るべきことに、ヨーロッパは、百年前のシュペングラーの予言通りになってしまったのだ。

しかし、シュペングラーは、さらにこの後を予言して、独裁的貨幣経済と皇帝主義との間に最後の決戦が行われると述べていた。『西洋の没落』緒論に掲げられた年表にも、二〇〇〇年から二二〇〇年の間については、こう書かれている。「皇帝主義の完成。貨幣に対する暴力政策の勝利。政治的形式の原始的な性格の増加。諸国民が内的に無形式の群衆に崩壊して行く。その群衆がしだいにまたもとの原始的・専制的な性格に集中される[*35]」。

すでにヨーロッパでは、ユーロ危機による深刻な不況にもかかわらず、緊縮財政がとられているために、社会不安が増大し、右翼・左翼を問わず政治が過激化しつつある。これも、シュペングラーの予言の徴候と見るべきなのであろうか。

＊1—ゲーテII (2004: p.28)

*2―ゲーテII（2004: p.81）

*3―ゲーテII（2004: p.83）

*4―貨幣論は、極めて論争を呼ぶ問題であるにもかかわらず、本書では、紙幅の関係上、あらゆる批判に耐え得るに十分な論証を展開することが難しい。より詳細な議論については、拙著『富国と強兵――地政経済学序説』（東洋経済新報社）、特にその第一章から第三章までを参照されたい。以降に記すのは、その内容を簡略化したものである。

*5―楊枝嗣朗「貨幣とは何か？――『歴史の中の貨幣』序章」佐賀大学経済論集第三十九巻第六号、二〇〇七年。楊枝嗣朗『歴史の中の貨幣――貨幣とは何か』文眞堂、二〇一二年。

*6―Michael Mcleay, Amar Radia and Ryland Thomas, 'Money in the Modern Economy: An Introduction,' *Bank of England Quarterly Bulletin 2014 Q1*, Bank of England, pp.4-13.
http://www.bankofengland.co.uk/publications/Documents/quarterlybulletin/2014/qb14q101.pdf

*7―このクルーソーとフライデーの例もMcleay, Radia and Thomas（2014）から借りている。

*8―Hyman P. Minsky, *Stabilizing an Unstable Economy*, McGraw-Hill, 2008, p.255.

*9―Michael Mcleay, Amar Radia and Ryland Thomas, 'Money Creation in the Modern Economy,' *Bank of England Quarterly Bulletin 2014 Q1*, Bank of England, pp.14-27.

*10―L. Randall Wray, *Modern Money Theory: A Primer on Macroeconomics for Sovereign Monetary Systems*, Palgrave Macmillan, 2012, p.50.

*11―Wray（2012: p.4）

*12―Wray（2012: p.78）

＊13—建部正義「国債問題と内生的貨幣供給理論」商学論纂第五十五巻第三号、二〇一四年三月、五九九頁。

＊14—Wray, (2012: p.126)

＊15—ビンスヴァンガー（1992: pp.51-3）

＊16—楊枝（2012）

＊17—James McDonald, *A Free Nation Deep in Debt: The Financial Roots of Democracy*, Farrar, 2003, pp.354-5

＊18—ビンスヴァンガー（1992: p.9）

＊19—http://gendai.ismedia.jp/articles/-/54159

＊20—シュペングラーⅡ（1989: p.399）

＊21—シュペングラーⅡ（1989: p.399）

＊22—シュペングラーⅡ（1989: p.400）

＊23—シュペングラーⅡ（1989: p.401）

＊24—シュペングラーⅡ（1989: pp.401-2）

＊25—シュペングラーⅡ（1989: p.403）

＊26—シュペングラーⅡ（1989: p.402）

＊27—シュペングラーⅠ（1989: pp.24-5）

＊28—シュペングラーⅡ（1989: p.404）

＊29—シュペングラーⅡ（1989: p.405）

＊30—シュペングラーⅡ（1989: p.404）

＊31―シュペングラーII（1989: p.405）

＊32―シュペングラーII（1989: p.399）

＊33―Alain Parguez, 'The Expected Failure of the European Economic and Monetary Union: A False Money against the Real Economy,' *Eastern Economic Journal*, Vol. 25, No. 1（Winter 1999）, pp.63-76.

＊34―John Smithin, *Macroeconomic Policy and the Future of Capitalism: The Revenge of the Rentiers and the Threat to Prosperity*, Edward Elgar Pub, 1996; Geoffrey Ingham, *Capitalism: With a New Postscript on the Financial Crisis and Its Aftermath*, Polity, 2009, pp.139-142.

＊35―シュペングラーI（1989: p.65）

# 第八章　予言の方法

## ゲーテの方法

はなはだ遺憾なことではあるが、我々が、百年前にシュペングラーが予言した没落する世界の只中にいるということは、ほぼ間違いがなさそうである。前章までの検証は、彼の「歴史を前もって定めようという試み」がおおむね成功を収めたことを示している。

残された課題は、シュペングラーがいかにして予言し得たのか、その秘密を解明することである。

これについて、シュペングラーは、一九二二年に発表された『西洋の没落』第二巻の序において、「自分はゲーテから方法を得、ニーチェから問題を得た」と明かしている。[*1] ゲーテから学んだ「方法」によって、予言が可能となったというのである。

ゲーテの「方法」とは、形態学と観相学のことである。では、形態学そして観相学とは、いかなる方法なのであろうか。

ゲーテは、当時の自然科学のパラダイムであったニュートン学派の分析的な手法に不満を覚えていた。確かに、物理学、化学あるいは解剖学といった科学の発達は、例えば、生物の諸器官など、部分を分析する上では大いに貢献してきた。しかし、「生物はなるほど諸要素に分解されるが、それをこれらの諸要素からふたたび合成し、生き返らせることはできない」[*2]。

例えば、生命あるものは複合体であり、諸部分が互いに連関して、一つの統一体を成している。しかも、有機体は固結することなく、常に揺れ動き、変形し、成長している形成物である。有機体を解剖して、諸部分を分析するだけでは、有機体の動的な全体構造を解明したことにはならない。有機体の諸部分がどう結合し、どう連関しているのか、その全体構造とその変化を考察する必要がある。

さらに、有機体は、特定の環境の中に存在し、その環境の影響を受けて形態を変化させる。例えば、「魚は水のために存在する」のではなく、「魚は水の中にあって水によって存在」するのであり、その水の環境に合わせて形態を変えるのである[*3]。したがって、有機体の内部の諸部分の構造連関だけではなく、有機体の内部と外部環境の連関をも視野に収めなければ、有機体の生成するダイナミズムを理解することはできない。

こうした有機体の内部と外部の全体構造とそのダイナミズムを捉えることは、現象を諸部分に分解して分析してしまう従来の科学では、困難である。そこでゲーテが創始したのが、彼自身によって「形態学」と名付けられた手法であった。

形態学は、今日では、生理学と並んで、生物学を支える手法とされているが、ゲーテ以前には存在しなかった。そもそも、十八世紀には生物学というものすら存在していなかったのである。そうした中でゲーテは、有機体の死んだ形態の観察ではなく、生きた形態の形成と変形を考察する手法として、形態学を提案した。[*4]

形態学は、存在するすべてのものは自己を暗示し、また顕示するに違いないという確信にもとづいている。最初の物理的・化学的エレメントから、人間の最も精神的な表出に至るまでわれわれは、この原理を当てはめる。

われわれは直ちに、形態のあるものに向かう。無機物・植物・動物・人間的なものはすべて自己を暗示する。それは存在するものとして、われわれの外的および内的感覚に現われる。

形態は動くもの、生成するもの、消滅するものである。形態学は変化に関する学説である。メタモルフォーゼの学説は自然のあらゆる徴表を解明する鍵である。[*5]

形態学は生成するものを理解するための手法であるが、具体的にどのようにして、生成するものを捉えるのか。ゲーテの手法は、原型（Typus）論とメタモルフォーゼ論の二つを柱とする。例えば、植物の葉という基本的な器官（原型）が、茎葉、花弁、雄蕊《おしべ》・雌蕊《めしべ》、果実へと、形態を変える（メタモルフォーゼ）ものとして捉えられる。あるいは、ある種（「原型」）が、別の種へとメタモルフォーゼする。[*6]

原型とは、ある有機体の根底にある一般的な形態である。その一般的な形態が特殊な形態へと発展するのが、メタモルフォーゼである。そして、すでに述べたように、メタモルフォーゼは、有機体とその外部環境の間の相互作用を通じて、起きるものである。

したがって、有機体の生成を理解するためには、次のような手順を踏むことになる。

まず、その有機体の内部の「原型」を抽出する。そして、その上で、有機体の内部とその外部環境との相互作用を観察し、その相互作用によって「原型」にどのような変化が生じ、どのようにメタモルフォーゼしていくのかを研究する。[*7]

その研究の手法とは、「直観」と「比較」による。

一般に「直観」というものは、学問の世界では蔑視されてきた。学問に必要な判断は、証明であって、直観などという単なる思いつきではならないというわけである。しかし、有機体の根源にある「原型」を見出すということは、その本質を見抜くということである。そのためには、証明という手段を用いることはできない。原型すなわち本質とは、直観的判断力によって発見するしかないのである。形態の「原型」を直観によって把握したら、その後は、個々の形態と典型とを「比較」することで、形態の変化の過程と多様性を理解するのである。[*8]

要するに、有機体が生成する過程は、存在や生成は環境の中においてのみ可能であるという存在論を前提にして、「原型」「メタモルフォーゼ」の概念を用いつつ、直観と比較の手法を駆使することで、理解できるようになる。これが、「形態学」である。

この形態学を人間の精神に適用したものが、「観相学」である。[*9] 観相学とは、人間の内面をその外面から推し量ろうとする科学である。人間の外面から内面を判断できる所以《ゆえん》は、人間と彼を取り巻く環境との間に、相互作用があるからである。「人間を取り巻いているものは、彼に働きかけるだけではなく、彼もまたそれに逆作用をおよぼす。彼は変化させられると同時に、周囲のものをまた変化させるのである。こうして、ある人間の衣服と家具は彼の性格をきっと推量させてくれるであろう」[*10]。

観相学の基礎には、人間とは、その周囲の環境から影響を受け、また周囲の環境に影響を与える存在だという理解がある。「魚は水の中にあって水によって存在する」ように、人間もまた、環境の中にあって環境によって存在するものと言えるであろう。人間をその人間が存在する環境から切り離してしまっては、その人間の本質を理解することはできないのである。

観相学とは、有り体に言ってしまえば、人間の内面を外見から判断するということだ。それに抵抗感を覚えるとしたら、それは主観（内面）と客観（外見）とを厳密に分離する合理主義の悪弊によるものである。人間の主観は客観（環境）から影響を受けて形成され、そして客観に影響を与えてそれを形成する。主観と客観の間には相互作用があるのであり、したがって主観と客観を厳格に分離する主客二元論では、現実世界を捉え損ねることになる。

シュペングラーは、この観相学を歴史理解の手法として導入する。ある身分や国民の発展過程を、その外観である制度や文化や象徴の変遷から推し量ろうというのである。

> 世界を理解するあらゆる方法は、つまるところ形態学といわれていいだろう。機械的なものと拡げられたものとの形態学は、自然法則と因果関係とを発見し、これを秩序づける学問であって、これは体系学である。有機的なものと歴史と生命との形態学、すなわち方向と運命とを自己のなかに担っているものはすべて観相学である。[*11]

世情に通じた人は、個人の格好、顔つき、態度、歩調、話し方、筆跡といった外に現れた姿から、彼の人間性を理解する。これと同じように、歴史に通じたものは、国家、経済、戦争、芸術、科学、宗教、数学、道徳といった文化の表面に現れた様式あるいは象徴から、その文化の内面を理解する。[*12] これが観相学である。

歴史学の手法が「観相学」であるのに対して、自然科学の手法は「体系学」である。シュペングラーは、自然と歴史を対比させている。「自然と歴史、これはどんな人間にとっても、対立している二つの両極端の可能性であって、人間はこれによって、自己の周囲の現実を世界像として秩序づけるのである。一個の現実は、あらゆる成ることを、成ったことに統合する限りにおいて自然であり、あらゆる成ったことを、成ることに統合する限りにおいて歴史である[*13]」。

この自然と歴史の違いは、現実に対する光の当て方の違いによって生じるものである。一つの現実に対し、それを「成ったこと」として理解すると、それは自然である。これに対して、「成ること」として理解すると、それは歴史となる。

世界を「成ったこと」として理解することが、「認識」である。自然は、認識によって理解される。裏を返せば、認識された現実が、自然と呼ばれるのである。

……認識とは、厳密な意味において体験行為であって、その行為の完成された結果は「自然」と呼ばれる。認識されたものと、自然とは同一である。あらゆる認識されたものは、数学的な数の記号が証拠立てているように、機械的に限定されたもの、きっぱりと正しいもの、規定されたものと同義である。自然とは、法則的に必然的なものの総和である。存在している法則は、自然法則だけである。[*14]

ここで留意しておくべきは、シュペングラーの「自然」という用語が、通常、我々が「自然」と呼ぶものとは異なるということである。シュペングラーの言う「自然」とは「成ったこと」であり、「成ること」ではない。他方、植物や動物のような生命体は、成長したりメタモルフォーゼしたりする「成ること」である。このため、奇妙に聞こえるだろうが、生物は「自然（＝成ったこと）」から基本的には除外されるのである。

自然は世界を「成ったこと」として「認識」するのに対し、歴史は世界を「成ること」として理解することである。それに必要なのは「認識」ではなく「直観」である。[*15]

歴史は「成ること」であるのに対し、「自然」は「成ったこと」である。「成ること」の理解に必要なのは「直観」であって、それは「成ったこと」に対する「認識」とは根本的に異なる理解の仕方である。したがって、自然科学のような手法では、歴史を理解することはできないのである。

誤解を避けるために敢えて付言しておくと、シュペングラーは、自然科学の役割を一切否定したというわけではない。

現実世界は、ある状態からある状態へと生成し続けている。「成ること」から「成ったこと」へという変化が無限に続いている。「成ること」と「成ったこと」とは連続しており、当然ながら「**成ることはいつでも成ったことの基礎**[*16]」という関係にある。

現実を理解するということは、「成ること」と「成ったこと」、すなわち歴史理解と自然理解の両方を含む。言い換えれば、現実の「成ること」と「成ったこと」の「両方を成りつつあるものとして、完成されつつあるものとして観るものは、歴史を体験するものであり、両者を成ったものとして、完成されたものとしても観るのは、自然を認識するものである[*17]」。

要するに、世界を理解するには、自然科学も歴史学も必要なのである。ただし、歴史学が扱うべき「成ること」の側面に、「成ったこと」を扱う自然科学の手法を誤って適用してはならないのだ。

歴史研究に導入されるべき手法は、ゲーテが提唱した観相学、すなわち人間精神の形態学でなければならない。「自分はゲーテを想うのである。（中略）共感、直観、比較、直接な内的確信、正確な感覚的想像——これこそ動いている現象の秘密に近づく方法であった。そうしてそれは歴史研究一般の方法である。それ以外には方法はない[*18]」。

ゲーテの形態学に言う生物の「原型」に相当するものは、歴史の中にもある。歴史における「原型」とは、「文化」と呼ばれるもののことである。

文化という原型は、その内面に精神態をもつ。それをシュペングラーは「魂」と呼ぶ。文化の「魂」は、それぞれの文化の数の概念、建築、音楽、絵画、演劇、宗教、政治、経済という外面を観ることで、「直観」される。例えば、ギリシャ・ローマ文化の魂は「アポルロン的」であり、西洋文化の魂は「ファウスト的」である。

こうして、「直観」によって把握された文化は、諸文化ごとに「比較」され、類型化される。例えば、ギリシャ・ローマ文化、西洋文化、アラビヤ文化、エジプト文化、インド文化、中国文化といったように、である。さらに、文化の発展過程が段階ごとに「比較」される。すると、春夏秋冬、あるいは幼年—青年—壮年—老年という文化のメタモルフォーゼが明らかとなる。『西洋の没落』の独特の歴史観は、こうした形態学・観相学の手法によって創造されたのである。

第一章で述べた通り、シュペングラーは『西洋の没落』によって、西洋中心の進歩史観を破壊する「コペルニクス的」転回を敢行した。その転回の基軸となったのは、ゲーテから学んだ形態学だったのである。

## 因果法則と運命理念

ところで、シュペングラーの「成ること」と「成ったこと」という区分について、読者は、いささか混乱を覚えるかもしれない。

というのも、歴史とは、過去に起きた出来事についての記録であろう。ならば、歴史学が扱うのは現在形の「成ること」ではなく、むしろ過去形の「成ったこと」ではないのか。それなのに、なぜシュペングラーは、歴史とは「成ったこと」ではなく「成ること」だと説くのであろうか。その答えを得るためには、シュペングラーの独特の用語を丹念に理解していく必要がある。

シュペングラーの言う「成ること」と「成ったこと」の間の根源的な違いは、「時間」にある。「成ること」とは、時間的な概念である。ただし、ここで言う「時間」とは、物理的な意味における時間ではなく、我々が、二度とは戻らない流れとして日常的に感じている時間のことである。「あらゆる起こることは一度限りのもので、決して繰り返されない。それは方向（「時間」）という特徴、すなわち戻って来ないということという特徴を持っている」[19]。

この「一度限りのもので、決して繰り返されない」という時間の本質は、「生」の本質でもある。「生きているものは分割することができないし、元へもどることができず、ただ一度限りで繰り返されず、そうしてその経過中にあっては、機械的にはまったく決定することができないのである。すべてこれは運命の本質となっている」[20]。

歴史とは、「成ること」、すなわち時間の流れの中で決して繰り返されない一度限りの「生」を理解することである。その「一度限りのもの」とは、「偶然」とも言い換えられる。

偶然の世界とは、ただ一度だけ現実となっている諸事実の世界である。この事実に向かってわれわれは、未来としてあこがれ、あるいは怖れに充ちて生き進んで行く。この事実は生きた現在としてわれわれを高め、あるいは圧迫する。われわれはこの事実を直観しつつ喜びあるいは悲しんで、過去としてもう一度体験することができる。[21]

我々は、未来へと向かう不可逆な時間の流れの中で、二度と繰り返されない一度限りの瞬間、「ただ一度だけ現実となっている諸事実の世界」を生きている。そういうふうに生きた過去の人間の感情を想像し、それに共感し、そして追体験する。歴史を研究するということは、そういうことである。

歴史とは、偶然の諸事実でできている。平凡な歴史家であれば、それらの諸事実を蒐集し、それらを皮相的に並べて記録するにとどまるであろう。しかし、眼識ある歴史家はそうではない。「卓越した人間がはじめて、歴史的に動かされた表面の平凡な関連の背後に、成ることの深い論理を感ずるのである」[22]。卓越した歴史家は、形態学の手法を用いて、これら偶然の諸事実の中から、様々な文化の原型を直観し、それぞれの文化が生成し、衰退していくメタモルフォーゼを把握することができる。

歴史上、ある個性をもった文化が誕生し、それが成長し、あるいは衰退する過程は、一度限りの出来事であって、二度と繰り返されることはない。我々は、この歴史の瞬間の一期一会に、「運命」を感じる。シュペングラーは、「成ること」すなわち歴史を理解するのに必要なのは、「運命理念」であると説く。

これに対して、「成ったこと」すなわち自然を理解するのに必要なのは、「因果法則」である。歴史が二度と繰り返すことのない偶然の世界であるのとは対照的に、自然は法則によって支配されており、再現性のある世界である。「歴史にはただ一度だけ事実であるという特徴があり、自然には絶えず可能であるという特徴がある[*23]」。

文化の栄枯盛衰は、二度と繰り返されない「成ること」なのであって、これを自然科学的な因果の思考によって理解することはできないとシュペングラーは強調する。確かに成長の後には衰退が来るが、この成長と衰退の前後関係は因果関係とは違う。「しかし昼は夜の原因ではなく、青春は老年の原因ではなく、花は果実の原因ではない。知識的に把握されるものは、みな原因を持っている。内的確信でもって有機的に体験されるものは、すべて過去を持っている。前者の特徴とするところは、『場合』である。この『場合』はどこでも可能であり、そうしてその内的形式は、いつでも、どこでも、幾度でも同じである。後者の特徴とするところは、出来事であって、この出来事というのは、ただ一度だけ存在し、決して戻ってこないのである[*24]」。

因果関係によっては、「ただ一度だけ存在し、決して戻ってこない」歴史の意味を解明することはできない。「原因と結果との世界とは絶えず可能なことの世界であり、分解し、区別して認識するところの無時間的な、真理の世界である」[*25] ここで自然すなわち「原因と結果の世界」について、シュペングラーは「無時間的」と言っているが、彼の言う「時間」とは、原因と結果の間にある物理的な時間のことではない。二度と繰り返すことのない瞬間として経験される時間のことである。「もし生命の方向というかわりに、二度と戻ってこないこと、というならば、またもし過ぎ去る一片の現在を永遠に忘れさせてしまう『遅すぎる』という語の恐ろしい意味を深く考えるならば、どの悲劇の結末の根源もわかってくるだろう。時間とは悲劇的なものである」[*26]。時間が悲劇的であるというならば、歴史というものも悲劇であろう。

これに対して、因果法則は何度でも繰り返し得るものであるから、シュペングラーの言う意味における「時間」とは無縁である。もちろん、そこには悲劇的なものの余地はまったくない。

科学を学び、因果法則を知れば、自然を認識することができるようになる。これに対して、歴史の運命理念を直観するには、眼識が要る。ただし、そのような卓越した眼識の持主は少数に限られる。「自然認識は教えることができる。しかし歴史を知る者は、生まれるのである。彼はただ一度で人間と事実とを把握し、そのなかに入りこむ」。自然認識は、「解剖し、定義し、順序立て、原因と結果とにしたがって区切ることは、そうするつもりさえあればできる。これは一つの労働である」。これに対して、歴史研究は「労働」ではなく、「創造」である。物理学者であれ論理学者であれ、体系学者は、「成ったことを学んで知る」だけである。これに対し、歴史家は、「何かがどんなふうに成るかを観るし、観察されたものの相貌のなかに、成ることをもう一度体験する[*27]」。

この歴史研究の営為を、シュペングラーは芸術に見立てている。歴史とは「悲劇」であり、歴史研究とは「創造」である。ならば歴史研究とは、確かに、芸術創作と同様の営為と言えるであろう。

……レンブラントの肖像画あるいはカエサルの半身像の顔貌を見透すように、最高の人間的個体としての文化の相貌のなかに、大きな運命的な線を直観し、これを理解することが新しい芸術である。詩人、予言者、思想家、征服者がどんなものであるかは、もう人の知ろうと企てたことである。しかしギリシャ・ローマ、エジプト、アラビヤの魂のなかに入って行き、そうしてこれを、代表的な人間と位置、宗教と国家、様式と傾向、思想と風習とに表わされていること全体でもって体験することは、新しい種の「生活経験」である。[*28]

『西洋の没落』とは、シュペングラーによる歴史研究であると同時に、芸術作品でもあったのである。

## 形態学と解釈学

『西洋の没落』は、シュペングラーという独特の個性による異様な歴史書のようにみなされてきた。しかし、実は、その手法は、シュペングラー自身が述べているように、ゲーテの形態学を忠実に踏襲したものであった。

ただし、ゲーテの形態学を歴史研究に導入したのは、シュペングラーが初めてというわけではない。例えば、ヴィルヘルム・ディルタイは、高橋義人がその優れた論文で明らかにしたように、ゲーテの形態学から多大な影響を受けて、その解釈学を構想していたのである。

ディルタイによれば、生物学において展開された形態学、特にその原型論を歴史研究に応用しようという動きは、シャフツベリー、ビュフォン、ディドロ、ロビネ、ゲーテ、ヘルダーの中にすでに見出される。「(十八世紀において) 自然科学が個性化問題のために発見した概念と方法は、いまや人間の歴史的世界での個性化にも適用された。属・種・類型・発展・内的形式・構造など、これらの概念は、自然科学の思考によって生み出され、精神科学で利用された」[*29]。高橋は、この「精神科学における原型思想の旗手」としてディルタイを位置づけている。[*30]

ディルタイは、精神的な生の個性を理解するための原理として、「類型の原理」と「発展の原理」を挙げている。[*31] これは、それぞれゲーテの形態学で言う「原型」と「メタモルフォーゼ」に対応している。

この類型論の例として、ディルタイは、シェークスピアの作品を挙げる。シェークスピアは、人物の個性を類型論的に描いているというのである。例えば、ヘンリー四世は「権力意志」の類型、マクベスは「暴君」の類型、ヘンリー五世は「英雄」の類型、ハムレットは「知性」の類型である。[*32] このような「類型」を通じて、我々は人間の精神的な生の現実を理解することができる。

高橋は、ディルタイの精神科学における「類型」と「発展」を、それぞれ「存在」と「生成」と言い換えている。そして、ディルタイが「存在（類型）」よりも「生成（発展）」を重視し、出来上がった類型の存在のみならず、その類型の発生過程や生成の運動をも把握しようとしていたという。

ところが、マルティン・ハイデッガーは、ディルタイの「生の解釈学」を継承しながら、それを存在論哲学へと変革したが、その代わりに、ディルタイにあった発生学的な側面を捨象してしまった。[*33] しかし、高橋は、ディルタイの生成を重視する発生学的な観点こそが、歴史の解釈学へと発展したのだと高く評価する。「したがってその『生の解釈学』もまた発生学的な性格を色濃く帯びるにいたった。そして晩年のディルタイが生や現存在の構造分析に止まらず、

『生の解釈学』から『歴史の解釈学』へと進むことができたのも、まさにこの『生成』という視点があったからであり、これこそは、豊穣なる内容を無限に産み出すものとして生と歴史を考察することを、彼において可能にしたのである」[*34]。

ゲーテの形態学もまた、生成を重視するものであった。ゲーテはエッカーマンとの対話で、こう述べている。「しかし、神性は、生きているものの中に働いており、死んだものの中には働かないのだ。生成し変化するものの中にはあるが、生成の終ったもの、固まってしまったもの、の中にはない。だから、神性へ向う傾向のある理性は、もっぱら生成しつつあるもの、生きているものだけを相手にする。悟性は、生成の終ったもの、固まってしまったものを相手にし、利用しようとするのだ[*35]」。

歴史を「成ること」すなわち「生成」と観たシュペングラーは、『西洋の没落』緒論の脚注において、このゲーテの言葉を引用しつつ、「この文句は自分の哲学全体を含んでいる」「自分は一語をも変えることができない」と述べている[*36]。

ゲーテが「悟性」と呼んでいるものは、個々の部分を識別し、分析する作用のことである。これに対して「理性」は、悟性が識別した諸部分を相互に連関させ、内的な統一をもった一つの全体として認識する作用を意味する[*37]。ゲーテの言う「理性」とは、形態学における「直観」と同じものであろう。

シュペングラーは、ディルタイを自らの先行者として認めていないように思われる。しかし、ゲーテの形態学を淵源とする彼の「歴史の観相学」は、淵源を同じくするディルタイの「歴史の解釈学」と非常に近いものがあることは、否定できない。

シュペングラーによれば、歴史の観相学的手法とは、「何かがどんなふうに成るかを観るし、観察されたものの相貌のなかに、成ることをもう一度体験する」「事実を直観しつつ喜びあるいは悲しんで、過去としてもう一度体験する」ことであった。

ディルタイの解釈学的方法もまた、「みずからの自己を外的なものに移入することにもとづいており、また理解の過程において、自己移入と結びついて自己が変容することにもとづいて」[38]いるものであり、また「自己の外部の体験は、自己の充溢した体験にもとづいて、転移によって、追構成され、理解される」[39]というものであった。

シュペングラーは、自然科学の因果的思考を歴史研究に持ち込むことを断固として拒否したが、ディルタイも、自然科学と精神科学の思考様式の違いを強調した。自然科学は、因果律に基づく科学である。それは「『原因は結果に等しい』という原理にもとづいた把握の仕方である。こうした把握の仕方は、量の絶対的な比較可能性に限定されなければならず、その完全な表現は、方程式における把握である」。これに対して、精神科学が目指すのは、因果律ではなく、構造連関の把握である。すなわち「あらゆる心的生における連関や共通性にもとづいて、人間の歴史的な個性化の全体を把握することである」[*40]。

ゲーテもまた、ニュートン学派の因果律に基づく自然科学と対立した。彼はエッカーマンに次のように語っている。

牛はなぜ角をもってるのかと問い、それは身を守るためだと答えるような議論がある。しかし、この論理では、なぜ羊に角がないのかを説明できない。「しかし、牛は角があるから、それで身を防ぐのだというのなら、話は別だよ」「目的を尋ねる質問、つまり、なぜという質問はまったく学問的ではない。だが、どのようにしてという質問ならば、一歩先に進めることができる。もし、牛はどのようにして角をもつか、と尋ねるなら、そのことは牛の身体の構造を観察することになり、同時に、なぜ獅子に角がなく、またありえないのかを教えられることになるからだ[*41]」。

設定すべき課題は、「なぜ」という因果関係ではなく、「どのようにして」という構造連関だということをゲーテは言っているのである[*42]。

また、ゲーテは、ニュートン学派の科学が数学的な証明に固執していることを、彼らしい機知に富んだ表現で批判している。「娘が愛を数学的に証明できないからといって、その娘の愛を信じようとしない人がいたら、それは大へんな愚か者だよ！　持参金なら、数学的に証明できるかもしれないが、愛情はできやしないよ。また、数学者たちは、植物の変態を発見できなかった！　私は、数学を使わないでそれを完成したが、数学者たちも、これには兜をぬがざるをえなかったよ[*43]」。

これも、植物のメタモルフォーゼは、因果関係ではなく、構造連関だということを言っている。それは、シュペングラーの用語で言えば、「運命」ということになる。構造連関あるいは「運命」は、数学的に証明されるようなものではない。しかし、数学的に証明できないからと言って、植物の変態を無視する者や、運命を信じない者は、愚かだというわけだ。

シュペングラーは、歴史の観相学を芸術創作と同一視したが、ディルタイも「芸術によってのみ、歴史記述家・社会著述家・政治思想家たちは、人間と状況をありありと描き出すことができる。それゆえ歴史記述の頂点は、実のところつねにそうした文芸に規定されている[*44]」と述べている。ちなみに、『ゲーテ的世界観の認識論要綱』を書いたルドルフ・シュタイナーもまた、「行為に応用された学問であろう」というゲーテの言葉を引きつつ、学問とは芸術と同様に創造的行為であると結論している[*45]。

以上において論じてきたように、シュペングラーの「歴史の観相学」も、ディルタイの「歴史の解釈学」も、共にゲーテの形態学を歴史研究に導入したものであり、ゆえに両者には重要な共通点が多い。シュペングラーの方法は、解釈学の一種だと言ってもよいかもしれない。

ディルタイの解釈学は、その後、マックス・ウェーバーらに踏襲され、現在もなお、歴史学や社会学あるいは社会人類学において、発展的に継承されている。解釈学は、人文社会科学の方法論における一つの到達点であると言える。

シュペングラーの『西洋の没落』は、これまで、その異様な用語や文体、あるいは奇矯で不吉な歴史観から、ともすれば異端書扱いされてきたが、この解釈学の伝統の中に位置づけて、その生成の哲学を再評価すべきなのではないだろうか。

## 現存在と覚醒存在の二重構造

シュペングラーは、文化の栄枯盛衰のメタモルフォーゼを描き出したが、そのメタモルフォーゼは、どのようにして起きるのか。文化には、どのような構造連関があるのだろうか。

それについては、すでに、前章までの議論を通じて明らかにしてきたはずである。すなわち、文化の栄枯盛衰は、「現存在（生命全体）」と「覚醒存在（知性）」という二重の対立構造とその構造連関から生じるのである。

この「現存在」と「覚醒存在」の対立構造を簡潔にまとめるならば、次のようになろう（図5参照）。

狩猟・牧畜社会における人間は、「覚醒存在」が獲物を求めて常に放浪し続ける「現存在」であった。「覚醒存在」が「現存在」を支配していたのである（図5のa）。これが、文化が成

図5

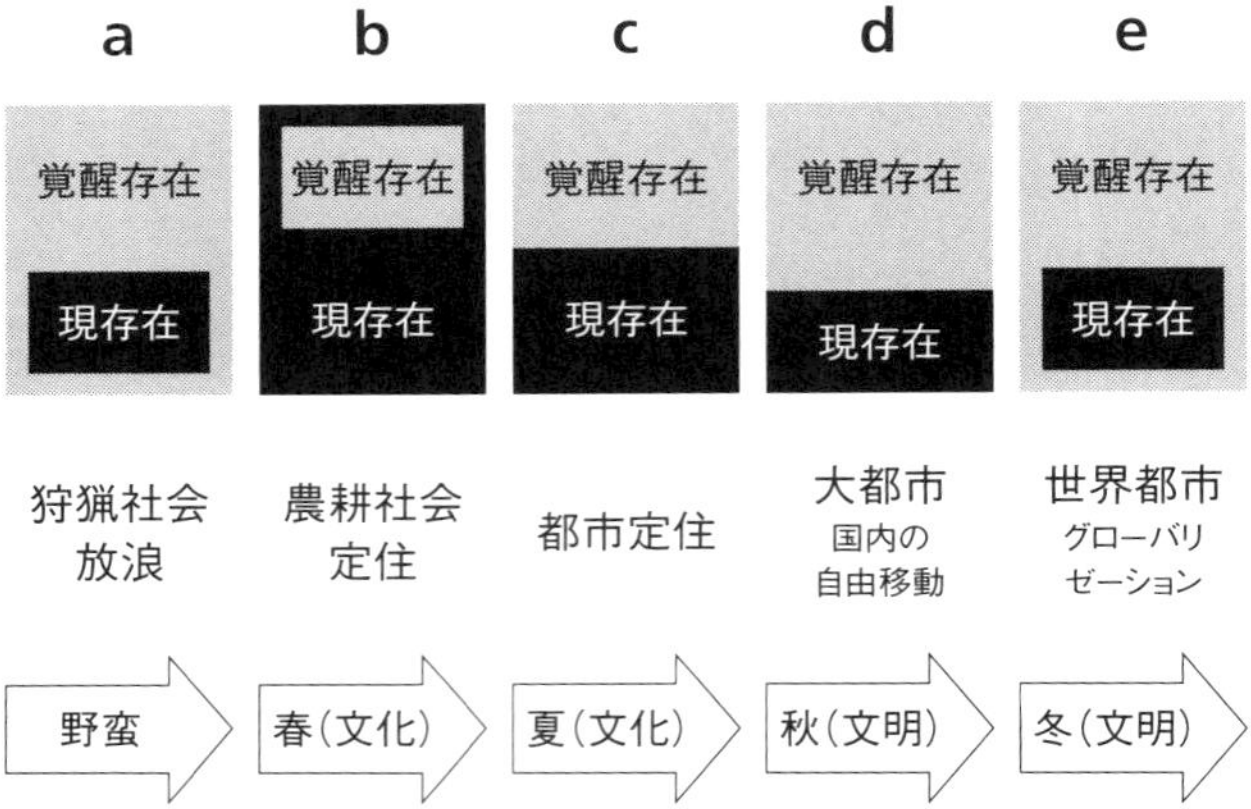


立する以前の野蛮の時代である。

しかし、農耕社会に移行すると、人間は特定の土地に定住するようになり、「覚醒存在」は「現存在」の一部となる。「覚醒存在」は「現存在」の中に沈み込み、「現存在」に仕えるのである（図5のb）。この関係から、「文化」が生まれる。

言い換えれば、文化は、定住生活（「現存在」）のために働く知性（「覚醒存在」）から生み出されるのである。このようなシュペングラーの理解は、人間の現存在は土地と共にあるという存在論哲学に基づいている。「魚は水の中にあって水によって存在する」ように、人間は土地という環境の中にあって大地によって存在する。土地と密接に結びついた生活に知性が仕える時、文化が生まれ、そして花開くのである。

文化は次第に成長し、都市が建設されるようになる。都市とは、芸術、科学、宗教、政治などが特定の土地の上に発達する形態である。都市とは、「現存在」に根を下ろした「覚醒存在」（図5のc）が生み出す文化の象徴である。

しかし、都市は次第に大規模化し、特定の土地に定住しない自由な人間が集まってくるようになる。定住しない人間とは、「現存在」から遊離した「覚醒存在」である。「覚醒存在」が「現存在」の束縛から逃れ、「現存在」に対して優位に立つようになる。要するに、知性偏重の合理主義が支配的になるのである。これが、文化が成熟して衰退を始める「文明」の形態である。文明における「覚醒存在」と「現存在」との関係は、図5のdのようになると言える。

やがて、大都市はいっそう規模を拡大して、世界都市と化す。それに伴って、「現存在」から乖離した「覚醒存在」もまた過剰なまでに肥大化し、「現存在」を脅かし、弱体化させるようになる。「覚醒存在」と「現存在」の関係は、図5のeのようになるのである。これは、かつての野蛮の時代（図5のa）と同じ図式である。文化・文明が野蛮へと回帰するから、没落なのである。

シュペングラーは、ギリシャ・ローマ、西洋、アラビヤ、中国など様々な文化・文明の形態を比較し、この覚醒存在と現存在の相克が繰り広げる栄枯盛衰のリズムが、いずれの文化・文明にもあることを見出したのである。この栄枯盛衰のリズムを文化の中に直観し得たのは、シュペングラーの眼識によるものとしか言いようがない。

そして、文化には栄枯盛衰の構造連関と動態があり、その動態は二度とは戻らない「運命」であると直観できれば、後は、文化が春夏秋冬のどの段階にあるかさえ確定すれば、その文化の将来はおのずと明らかとなろう。歴史を前もって定める予言は、生成の形態学によって可能となるのである。

ただし、形態学の予言には、限界がある。

形態学は、既存の文化の春夏秋冬については、将来まで、示し得るかもしれない。しかし、新しい文化が、いつ、どのような形態で生じるかについては沈黙せざるを得ないのである。

「われわれは猛禽類とか針葉樹とかの歴史で、新種が生ずるかどうか、またいつ生ずるかを予見することはできない。それと同じく文化の歴史でも、未来に新しい文化が生ずるかどうか、またいつであるかを予見することはできない。しかし新しい生物が母胎に宿り、または種子が地中に埋められた瞬間以後は、われわれは新しい生命過程の内的形式を知る」[*46]。

現在、西洋文化は没落期にある。これは、百年前に予言し得たことである。しかし、西洋文化が没落し、死滅した後、新たにどのような文化が出現するのか、そしてそれはいつなのか。これについては、形態学的手法は語り得ない。

『西洋の没落』が没落以後の新しい文化のヴィジョンを示していないのは、それが方法論的に無理だからなのである。シュペングラーが没落を越えた先の展望を示せないでいるのは、構想力が欠けているからでも、悲観主義者だからでもない。ただ、ゲーテから学んだ方法を忠実に守っているだけなのだ。

## 没落期の思想

ここに来て、我々は次のような問いを発せざるを得ない。

学問にも栄枯盛衰、春夏秋冬があり、シュペングラーは、自らが生きた時代は、「知性紀」の冬の時代であるとしている。ならば、彼が提唱する観相学もまた、冬の時代のものなのか。

この問いに対する答えを知るためには、学問の春夏秋冬についてのシュペングラーの説を確認する必要がある。

西洋における「知性紀」の秋は十八世紀であり、それは体系的な哲学が完成された時代である。その最高かつ最終的な完成者はカントである。ギリシャ・ローマ文明の「知性紀」の秋は、プラトンとアリストテレスの時代にあたる。

秋の次に来る冬の時代には、体系的・思弁的な哲学はもはや不可能になる。代わって現れるのが、「大都市的な哲学、すなわち思弁的ではなく、実用的な、非宗教的な、倫理的社会哲学である」。倫理的な哲学は、ギリシャ・ローマ文明では、犬儒学派、キュレネ学派、ストア学派、エピクロス主義者が該当する。西洋においては、ショーペンハウエル、ニーチェ、マルクス、ダーウィンが連なる。

二十世紀初頭は、倫理的な哲学の時代のさらにその次の時代である。「体系的な哲学は今日、われわれから無限に遠く離れている。倫理的な哲学は終わった」。

そして最後に残ったのは、懐疑主義である。どの文化でも「体系的な哲学↓倫理的な哲学↓懐疑主義」という過程を辿るというのである。

ただし、ギリシャ・ローマ文明の懐疑主義は「単純に否定することによって、疑う」ものであり、無歴史的である。これに対して、西洋の懐疑主義は歴史的な懐疑主義、すなわち「すべてを相対的なものとして、歴史的現象として理解する」ものである。歴史的懐疑主義とは、歴史的相対主義とも言い換えられるであろう。この西洋の歴史的懐疑主義あるいは歴史的相対主義こそが、シュペングラーが提唱する「歴史的比較形態学という、今日まで知られなかった方法である[*47]」。歴史的比較形態学とは、言うまでもなく、歴史の観相学のことである。

歴史的懐疑主義あるいは歴史的比較形態学は、永遠の普遍的な真理があるとは考えない。「永遠の真理なるものは存在しない。どの哲学もその時代の表現であり、そうしてその時代だけの表現である[*48]」「真理は、あるきまった人間に関してだけ真理である」[*49]。

したがって、シュペングラー自身の哲学は、「ただ西洋的な魂だけの表現であり、反映」であり、「そのうえただその文明化した今日の段階においてだけ」真理なのである。シュペングラーは、自身の哲学が普遍的な真理ではないことを認める。例えばギリシャ・ローマ文化やインド文化にとっては、それは真理ではないのである。[*50]

したがって、シュペングラーは、自らの歴史の観相学を没落の時代の産物であることを認めていると言ってよい。

ところが、その一方で、シュペングラーはゲーテから観相学を継承しているが、ゲーテの観相学とは、カントの体系的な哲学と双璧をなす「大文化にだけ可能な二種の観察の最高にして成熟した形式[*51]」である。それは、本来であれば「今日、われわれから無限に遠く離れている」はずであり、没落期の二十世紀にはあり得ないはずのものである。

にもかかわらず、シュペングラーは、ゲーテの観相学を歴史研究に適用し、それを「西洋哲学の最後の大きな任務」あるいは「ファウスト的な文化の老年の知恵にまだ残されている唯一の任務」であると宣言する。そして、それは「最高の意味における歴史を探究する真に西洋的な方法」であると断言し、さらには「最後のファウスト的哲学となるだろう」とまで予言するのである。[*52]

これは、矛盾というものではないだろうか。

つまりシュペングラーは、自らの時代を西洋「文明」の没落期に位置づけながら、自らが提唱する歴史の観相学については、西洋「文化」の最高にして最後の哲学であると確信しているのである。しかし、本来であれば、そのような非歴史的なことを、歴史の観相学は認めないはずであろう。

シュペングラーは、『西洋の没落』第二巻の序において「これは最初の試みであるから、どうしてもそれに伴うあらゆる欠点があり、不完全であって、内的矛盾のあることはもちろんである[*53]」と記している。その予告された「内的矛盾」に、どうやら我々はぶつかったのかもしれない。

だが、シュペングラーは、自らの議論に内的矛盾のあることを認めた後で、こう続けているのである。「この言葉は、考えていたほど真面目には受け取られなかった。誰でも、生きた思想の前提を深く見極める時には、現存在の根本的な原理を矛盾なしに洞察することが、われわれにはできないということを知るだろう[*54]」。

最後に、この言葉の意味を考えてみたい。

## 最後の哲学

歴史の観相学的診断によれば、西洋の知性紀の末期である二十世紀以降では、十八世紀的な体系的哲学も、十九世紀的な倫理的哲学も、もはやあり得ない。二十世紀以降に体系的哲学や倫理的哲学を探究しても無駄であり、廃坑を掘削するようなものである。能力と精力を間違った方へと浪費すべきではない。シュペングラーは、没落期の人々を実践へと誘《いざな》う。体系的哲学も倫理的哲学もあり得ない時代に生を享《う》けた運命を受け入れよというのである。「新時代の人々が本書に動かされて、抒情詩よりも工業に、絵画よりも海事に、認識批評よりも政治に身を投ずるならば、自分の願いは満たされたといっていい。そうしてそれで十分なのである」[*55]。

ただし、このような断言にもかかわらず、シュペングラーが、哲学それ自体を放棄すべきだと説いているのではないことは、強調しておかなければならない。

シュペングラーは、言う。「思想家の価値は、その時代の大きな事実に対する眼識如何によるのであり、「現実さえ把握し得ず、支配し得ない哲学者は、決して第一流たり得ない」のだと。

ソクラテス以前の哲学者は、大商人と大政治家であった。プラトンは、自己の政治的思想の実現に命を懸けた。パスカル、デカルト、ライプニッツは当代一流の数学者であると同時に、技術者でもあった。管子から孔子までの古代中国の偉大な思想家たちは、ピュタゴラスやパルメニデス、あるいはホッブスやライプニッツと同様に、政治家であった。ゲーテは大臣であり、「スエズとパナマ運河の開鑿《かいさく》と、その世界経済におよぼす結果とに関心を持ち、その実現の時期までも正確に予見した。またアメリカの経済界、その旧ヨーロッパに及ぼす反動、それから勃興しつつある機械工業にたえず注意を払っていた」[56]。

このように、偉大な思想家たちは、中国文化、ギリシャ・ローマ文化、西洋文化を問わず、優れた実践家でもあった。彼らは、「認識論は実際生活の重要な関係の知識にほかならないとしていた強健な哲学者[57]」だったのである。

それに引き換え、最近の哲学者たちの「人物のなんという小ささ、政治的な、また実際的視野のなんという平凡さだろう」とシュペングラーは嘆く。「彼らにないものは、現実生活における決定的立場である。彼らのなかで誰一人として高等政治に、近代工業、交通、国民経済の発展に、何か大きな現実に、一つの行為だけでもって、一つの強い思想だけでもってさえも、決定的に関与したものはなかった[58]」。

二十世紀以降の哲学者は、実践への関与から遠ざかっており、事実に対する眼識を欠いている。覚醒存在が現存在から乖離するのが没落の時代であるが、このような哲学者の有様は、まさに現存在を見失った覚醒存在の象徴にほかならない。シュペングラーは、言う。「自分は近代思想家の書を手にするたびに、世界政策の現実に関し、世界都市、資本主義、国家の将来、技術と文明の終末との関係、ロシア問題、科学などの重大問題について、その著者が何を考えているのかと疑問を抱く。ゲーテならばすべてこれを理解し、これを好んだであろう。だが現存の哲学者のなかで、一人としてこれを大観したものはないのである[59]」。

没落期の哲学者は、ゲーテにあったような、世界全体を大局的に俯瞰して、現実を総合的に把握する力を喪失している。「明らかに哲学的な活動の最後の意味が見失われたのである。哲学は説教や煽動や新聞の続き物や、あるいは専門科学と混同されている。人は鳥の視野から、蛙の視野に下って来た[*60]」。

これは、マスメディア上で煽動的な言説を垂れ流すか、細分化された専門分野に閉じこもるしかない現代の知識人の姿である。この没落の運命を認めるならば、現代人は、知識人に大局的な眼識を期待すべきではない。現実に対する眼識を有する思想家を得たければ、それは実践家の中に求めるしかない。「そこで自分は主張する。今日より優れた哲学者は実験心理学のくだらない手仕事をしている連中のなかにはいないで、多くの発明家、外交家、財政家のなかにいると。これはある歴史的な段階において、絶えず生ずる状態である[*61]」。

没落の時代においては、真の哲学は、実際生活における実践経験の中にある。シュペングラーが「新時代の人々が本書に動かされて、抒情詩よりも工業に、絵画よりも海事に、認識批評よりも政治に身を投ずるならば、自分の願いは満たされたといっていい」と言って、実践に向かうことを促したのは、そういう意味だったのである。

ここで再度注意すべきは、ギリシャ・ローマであれ、西洋であれ、中国であれ、いずれの文化でも、そしていつの時代でも、優れた哲学者は実践に深く関与していたとシュペングラーが論じていることである。この点にも、彼の思想の「内的矛盾」が見受けられるように思われる。というのも、シュペングラーは、「永遠の真理なるものは存在しない。どの哲学もその時代の表現であり、そうしてその時代だけの表現である」という歴史的懐疑主義を唱えたはずである。それにもかかわらず、真の哲学は実践経験の中にあるということが、文化や時代を問わない普遍的な真理であることを、彼は認めているのである。

言い換えれば、真の哲学、すなわちゲーテが創始した形態学・観相学は、普遍性をもつということである。それは、つまり文化や時代を超越する思想である。だから、シュペングラーは、「われわれから無限に遠く離れている」はずのゲーテの形態学・観相学を、没落期の二十世紀に「歴史的比較形態学」として蘇らせることができたのである。

ただし、真の哲学は実践の中にあり、というのは文化を超越した普遍性をもつが、歴史の運命理念というものは、シュペングラーによれば、普遍的にあるものではない。それは、西洋のファウスト的魂に固有のものであって、「ギリシャ・ローマの魂にも、ほかのどんな魂にも未知なものでなければならなかったもの」[*62]なのである。感覚的に把握し得る限界の内にとどまる無時間的な「アポルロン的魂」は、運命理念とは無縁である。現在の限界を超えて未来へと進み続けようとする西洋独自の「ファウスト的魂」だけが、二度と戻らない時間としての歴史というものを感じることができる。

観相学を歴史に適用したシュペングラーの歴史的比較形態学は、それゆえに、「最高の意味における歴史を探究する真に西洋的な方法」なのである。

しかし、その「真に西洋的な方法」である歴史の観相学が、西洋が没落する運命に入っていることを告げる。つまり、歴史の観相学自体も、いずれ滅亡する運命にあるということである。だから、それは「最後のファウスト的哲学となるだろう」とシュペングラーは宣告しているのだ。

『西洋の没落』を締めくくるにあたって、シュペングラーが選んだのは、次の言葉であった。

Ducunt fata volentem nolentem trahunt.
（運命は欲する者を導いて行き、欲しない者を引きずって行く。セネカ）

この言葉が、運命理念をもたないとされたはずのギリシャ・ローマ文化を代表する哲学者セネカのものであるという「内的矛盾」はとりあえず脇におく。ここに言う「運命を欲しない者」とは、例えば、現代においてなお、体系的哲学や倫理的哲学を求める者のことであろう。しかし、それらをどれほど求めたところで、徒労に終わる。いくら悪あがきをしても、没落の運命からは逃れられないのだ。

これに対して「運命を欲する者」は、歴史の観相学によって、現代が避けることのできない没落の途上にあることを知る。しかし、没落の運命は、その者を一体どこへと導いていくというのであろうか。

それは、没落の運命を知りつつも、没落に抗して挑み続ける実践へと導かれるのである。没落という結果が必然であることが明らかだと分かっているのに、その結果に逆らおうとする行為は、確かに矛盾した行為である。しかし、この矛盾をおかしいと感じるのは、行為を原因、没落を結果という因果関係で見るからなのである。因果関係によって秩序付けられた自然界には、矛盾はないであろう。しかし、人間の行為には、矛盾はむしろ付き物なのである。だから、自然に関する学問は矛盾のない体系学が相応しいが、矛盾をはらむ歴史を理解するには、観相学によるしかないのだ。

没落の運命を知りつつ、それに抗するという行為の矛盾は、悲劇とも言い換えられる。運命が欲する者を導いていく先とは、歴史の悲劇である。これがシュペングラーの出した答えであった。そのことは、『西洋の没落』の続編とも言うべき『人間と技術』の最後に、簡潔かつ十分に記されている。シュペングラーの思想の真髄は、ここに言い尽くされている。この美しい一節を読んでもなお、悲観や絶望しか感じることのできない者、未来への展望がないと不満をもらす者、具体的な解決策がないなどと冷笑する者は、運命に引きずられて没落するがいい。

われわれは、この時代に生まれたのであり、そしてわれわれに定められているこの終局への道を勇敢に歩まなければならない。これ以外に道はない。希望がなくても、救いがなくても、絶望的な持ち場で頑張り通すのが義務なのだ。ポンペイの城門の前でその遺骸が発見された、あのローマ兵士のように頑張り通すことこそが。――彼が死んだのは、ヴェスビオ火山の噴火のときに、人びとが彼の見張りを交代させてやるのを忘れていたためであった。これが偉大さであり、これが血すじのよさというものである。この誠実な最期は、人間から取り上げることのでき〈ない〉、ただひとつのものである。[*63]

＊1―シュペングラーI（1989: p.3）
＊2―ゲーテ『ゲーテ形態学論集――植物篇』（以下、ゲーテIII）ちくま学芸文庫、二〇〇九年、二六頁。
＊3―ゲーテIII（2009: p.64）
＊4―高橋義人「形と力――形態学とは何か」モルフォロギア創刊号、ナカニシヤ出版、一九七九年、四三－四四頁。
＊5―ゲーテ『ゲーテ形態学論集――動物篇』（以下、ゲーテIV）ちくま学芸文庫、二〇〇九年、二一四頁。
＊6―高橋義人「ディルタイ解釈学の形態学的視座」思想七一六号、岩波書店、一九八四年、三九－四〇頁。
＊7―ゲーテIII（2009: pp.66-7）

＊8―ルドルフ・シュタイナー『ゲーテ的世界観の認識論要綱』筑摩書房、一九九一年、一〇六―一〇九頁。
＊9―ゲーテⅢ（2009: p.218）
＊10―ゲーテⅢ（2009: p.13）
＊11―シュペングラーⅠ（1989: pp.34-5）
＊12―シュペングラーⅠ（1989: pp.108-9）
＊13―シュペングラーⅠ（1989: p.102）
＊14―シュペングラーⅠ（1989: p.102）
＊15―シュペングラーⅡ（1989: p.102）
＊16―シュペングラーⅠ（1989: p.105）
＊17―シュペングラーⅠ（1989: p.104）
＊18―シュペングラーⅠ（1989: pp.34-5）
＊19―シュペングラーⅠ（1989: pp.102-3）
＊20―シュペングラーⅠ（1989: p.124）
＊21―シュペングラーⅠ（1989: p.142）
＊22―シュペングラーⅠ（1989: p.139）
＊23―シュペングラーⅠ（1989: p.156）
＊24―シュペングラーⅠ（1989: p.151）
＊25―シュペングラーⅠ（1989: p.142）

＊26―シュペングラーI（1989: pp.131-2）
＊27―シュペングラーI（1989: p.109）
＊28―シュペングラーI（1989: p.158）
＊29―ヴィルヘルム・ディルタイ「比較心理学――個性の研究」『ディルタイ全集第三巻　論理学・心理学論集』法政大学出版局、二〇〇三年、八三四頁。
＊30―高橋（1984: p.45）
＊31―ディルタイ（2003: pp.788-9）
＊32―ディルタイ（2003: pp.811-5）
＊33―高橋（1984: pp.37-8）
＊34―高橋（1984: p.47）
＊35―エッカーマン『ゲーテとの対話（中）』岩波文庫、一九六八年、七八頁。
＊36―シュペングラーI（1989: p.56）
＊37―シュタイナー（1991: pp.70-6）
＊38―ディルタイ（2003: p.780）
＊39―ディルタイ（2003: p.781）
＊40―ディルタイ（2003: p.782-3）
＊41―エッカーマン（1968: p.305）
＊42―高橋（1984: p.50）

＊43—エッカーマン『ゲーテとの対話（上）』岩波文庫、一九六八年、二九一－二九二頁。
＊44—ディルタイ（2003: p.793）
＊45—シュタイナー（1991: pp.129-31）
＊46—シュペングラーII（1989: pp.34-5）
＊47—シュペングラーI（1989: p.53）
＊48—シュペングラーI（1989: p.49）
＊49—シュペングラーI（1989: p.53）
＊50—シュペングラーI（1989: p.53）
＊51—シュペングラーI（1989: p.57）
＊52—シュペングラーI（1989: pp.57-8）
＊53—シュペングラーI（1989: p.1）
＊54—シュペングラーI（1989: p.1）
＊55—シュペングラーI（1989: p.48）
＊56—シュペングラーI（1989: p.50）
＊57—シュペングラーI（1989: p.50）
＊58—シュペングラーI（1989: p.50）
＊59—シュペングラーI（1989: pp.50-1）
＊60—シュペングラーI（1989: p.51）

＊61―シュペングラーI（1989: p.51）

＊62―シュペングラーI（1989: p.157）

＊63―シュペングラー（1986: pp.119-20）

# 終章　日本の運命

大難が人間にふりかかる時、彼のうちなる強健の程度が判明する。運命が民族を押しつぶす時、民族は、その心の偉大さや凡庸性を露呈する。最大の危険こそ、国民の歴史的品位に関するいかなる謬見をもはや許さざるものである。――『運命・歴史・政治』

## 『世界史の哲学』

シュペングラーは、『西洋の没落』によって、それまでのヨーロッパを中心とした歴史観からの「コペルニクス的」な転回を企てたが、同じような試みは、日本においてもあった。例えば、京都学派を代表する哲学者の一人である高山岩男が戦時中に発表した『世界史の哲学』が、それである。

高山も、シュペングラーのように、従来の世界史学にヨーロッパ中心の理念が潜んでいることに根本的な疑義を呈し、その無自覚な世界一元論を批判した。そして、多元論的な世界史観を提示したのである。例えば、中国、インド、日本などは、それぞれ独自の様式と価値を有する文化をもつのであって、各文化を超越した立場から、それらの優劣を判定し得るような文化価値の標準は存在しない。この多元論的な歴史観は、シュペングラーの歴史的懐疑主義と精神を同じくするものと言える。

そして、高山もまた、西洋の没落という認識に至っていた。彼は「ヨーロッパ世界そのものの近代的な内的秩序がおのずから崩壊の期に達したことを、現代の世界史的大転換が示している」と考えていた。[*1] それだけではなく、「この世界史の転換に最も重大な役割を演じているのが我が日本である」と信じていたのである。[*2]

『西洋の没落』と『世界史の哲学』とでは、その成立の背景も似通っている。

『西洋の没落』は、第一次世界大戦の末期に世に問われた。シュペングラーは、大戦勃発の前にその草稿を仕上げており、また、大戦はドイツの勝利に終わると信じていた。他方、『世界史の哲学』が発表されたのは、第二次世界大戦中の一九四二年であったが、高山もまた序において「本書の内容は実は大東亜戦の勃発前にできたものである」と述べており、そして言うまでもなく、日本の勝利を確信していた。[*3]

もっとも、高山は、この世界多元論という点でシュペングラーを高く評価しつつも、いくつかの点では批判している。実際、高山とシュペングラーの歴史哲学には、大きな相違もある。高山は、ヨーロッパ中心の世界一元論的歴史観のみならず、シュペングラーの歴史哲学をも超克しようとしていたのである。

そこで、『西洋の没落』を、高山の『世界史の哲学』と比較しつつ、改めて吟味することとしよう。この作業は『西洋の没落』の理解を深める上で、また日本にとってのその意義を確認する上でも、有益なものとなるように思われる。

## 高山岩男のシュペングラー批判

高山は、西洋とは異なる世界と歴史をもつ東洋があり、その東洋もまた中国、インドそして日本のそれぞれが独自の世界と歴史をもつという世界多元論を提示し、ヨーロッパ中心の世界一元論に挑戦した。

もっとも、高山は、多元論的な歴史観については、西洋にもあったことを認めている。それは、マイヤー、ブライジッヒ、シュペングラー、フロベニウスの「文化循環説」である。

高山によれば、文化循環説は、次の四点を共有する。

1. 文化は自己完結的に発展するものであり、どの文化にも始まりと終わりがある。
2. 文化は、自己自身より発展し、生長し、没落し、死滅する生命体である。
3. 文化には、古代・中世・近世、あるいは幼年・青年・壮年・老年といったように区分できる発展段階がある。
4. このような発展段階は、どの文化においても同じである。

この文化循環説の四つの共通見解は、さらに、①文化の生物的見解、②世界史の法則的見解の二つに要約できる。

文化循環説は、歴史的世界の多元性の思想を提出した点において高く評価されるべきものである。しかし、文化循環説はその①文化の生物的見解、②世界史の法則的見解の二つの根本思想のゆえに、誤りを犯している。

まず、①文化の生物的見解に関しては、次の三つの誤謬を含んでいる。

第一に、この見解は、民族というものを人種のような生物学的な概念で捉えた上で、民族と文化を完全に同一視している。だから、文化を生物とみなすのである。

しかし、そもそも民族というものは、非歴史的な自然発生生物ではない。民族とは、歴史を通じて、文化的に形成された存在である。確かに、文化を形成するのは民族であるが、同時に、民族は文化によって形成されるのである。文化と民族とは、相互形成の関係にあると解すべきである。

第二に、生物的見解は、文化を単に自然のように生成されたものとみなす。それゆえ、文化は、生物の自然死のように不可避的に没落すると考える。

しかし、文化の形成には、人間の自由意志による建設行為や創造行為が介在している。文化の没落を必然とみなすのは行き過ぎである。没落は、政治という行為によって回避し得る。あるいは、過去に存在しない新しい文化を創造することもできる。もちろん、文化は、個人の自由意志のみで改変できるようなものではない。したがって、文化は、必然と自由との総合と言うべきである。

第三に、生物的見解は、文化というものは、過去の文化や同時代の他の文化との接触や交渉がなくとも、自己完結的に発展し、没落すると説く。

しかし、文化とは、他の文化との連関によって形成される。例えば、西洋文化は、ギリシャ・ローマ文化の影響なしに成立し得なかっただろうし、古代世界では東西の交渉と文化の融合があった。歴史的世界とは、異なる文化同士がお互いに連続・連関しながら形成されるという構造にあるのである。

②世界史の法則的見解については、次のような誤謬を含んでいる。

そもそも、世界は、一回限りの事実や事件から成り立っている。しかし、世界を単に一回限りの事実や事件とみなすにとどまるのでは、世界は単なる混沌にみえてしまい、認識することができない。そこで、「類型」を媒介手段とすることで、世界の本質を把握する必要がある。例えば、歴史の発展段階は、そのような認識のための手段としての「類型」なのである。

文化循環説は、歴史の発展段階を幼年・青年・壮年・老年に区分するが、これも認識のための便宜上の類型にとどまるのであるならば、さほど問題はない。ところが、実際の文化循環説は、この発展段階を、単なる認識のための類型ではなく、歴史の法則と信じ、どの文化も同じように、幼年・青年・壮年・老年の発展経路を辿るものだと考えてしまう。これでは、今度は、事実や事件は二度と繰り返されないという歴史の一回性を否定することになってしまう。それは、歴史を否定するものにほかならない。

以上が、高山による文化循環説、すなわちシュペングラーに対する批判である。[*4] 高山の提唱する世界史の哲学とは、文化循環説の世界多元論を踏襲しつつ、その「文化の生物的見解」と「世界史の法則的見解」の誤謬を是正したものであると言ってよいであろう。

## シュペングラーの擁護

高山の「文化の生物的見解」と「世界史の法則的見解」に対する批判は、おおむね妥当であると評価してよい。ただし、問題は、シュペングラーの文化循環説が「文化の生物的見解」と「世界史の法則的見解」を前提としていたか否かである。

まず、「世界史の法則的見解」について言えば、前章において論じたように、シュペングラーは、この見解を明らかに否定している。彼は、歴史の一回性をむしろ強調し、法則性を追究する自然科学の手法を歴史学に適用してはならないと主張したのである。そして、歴史認識の手段として、シュペングラーはゲーテの形態学から「原型」という手法を継承したが、これは高山の言う「類型」と同じである。したがって、「世界史の法則的見解」はシュペングラーのものではない。

次に、「文化の生物的見解」について、高山は三点の批判を差し向けたが、それぞれがシュペングラーにも当てはまるかを吟味してみよう。

先に第三の批判から論じておくと、高山は、生物的見解が文化を自己完結的に捉え、異なる文化の間の交渉や相互作用を軽視していると指摘した。これは、他の論者によってもしばしば指摘されてきたシュペングラーの弱点であり、確かに当たっている面があるように思われる。

もちろん、シュペングラーは、文化が他の文化から影響を受けることをまったく看過していたわけではない。例えば、ギリシャ・ローマ文化の数学や貨幣観（商品貨幣論）は、西洋文化にも受け継がれていることをシュペングラーは認めている。近代化した日本は西洋文明に属するとも述べている。

また、シュペングラーは、外国の古い文化の影響が強く残っているために、その土地の若い文化が十分に形成されないような現象があると論じ、それを「歴史的仮晶」と呼んでいる。

岩層の中の鉱物の結晶が洗い流されて空洞ができ、その空洞に灼熱した泥塊が入り込んで別の結晶ができるが、その結晶は空洞の形に制約される。この現象が「仮晶」である。

異なる文化が交わる場合には、この仮晶のような現象がみられるとシュペングラーは言うのである。例えば、帝政ローマ時代のアクチウムの文化は、幼年のアラビヤ文化と老年のギリシャ・ローマ文明による歴史的仮晶であった。あるいは、ロシアの文化は、原始的なロシア魂と西洋のファウスト的魂による歴史的仮晶である。[*5]

この「歴史的仮晶」という概念は極めて興味深いものである。例えば今日の日本の文化は、日本古来の文化、中国文化、西洋文化などによる歴史的仮晶であろう。あるいは、現代の中国では資本主義が急速な発展を遂げてはいるが、中国本来の文化がその資本主義を独特な形態にしているように思われる。これもまた、歴史的仮晶の一つであろう。

このように、シュペングラーは、異なる文化の間の交渉や融合をまったく否定していたわけではない。とは言え、多くの論者が指摘するように、シュペングラーには、世界一元論や進歩史観を否定するあまり、文化の固有性や自律性をより強調するきらいがあったことは否めない。[*6]

次に、生物的見解に対する第一の批判（生物学的な民族概念や、民族と文化の同一視）について言えば、これは、シュペングラーに当てはまるものとは言い難い。

まず、シュペングラーは、民族とは「常に理念の統一体である」と述べ、部族や家族のような血縁の共同体とは明確に区別している。「民族は、全体感をもつ人員の結合体である。この感情が消えても、名前や個々のどの家族も存続し得る。しかしその時、民族は存続を停止する」。[*7]

民族は、血統や系図等によって客観的に定義できるものではない。民族とは、その構成員が民族感情を失えば消滅しかねないような、間主観的な存在なのである。このようなシュペングラーの民族理解は、生物学的な概念とはまったく無縁である。

また、シュペングラーは、民族の文化的な特性が不変であるとは考えていない。「この結合体は、言語、種族、名前や国土を変えることができる。その魂が存続する限り、結合体は、考えられ得るどの血統の人間をも手中に掌握し、かつこれを変形させるのである」[*8]。

民族性というものは歴史的に形成されてきた社会的構築物であるということも、シュペングラーは正確に理解していた。「民族の性格は、その運命がもたらしたものである。民族の性格をもたらすものは、詮じつめれば、国土、気候、空や海にあらず、また種族や血統でもない。これらは、歴史的現実の打つ刻みによって形態が鍛えられる、素材にすぎない。性格を形成するものは、歴史の与える成功よりもむしろ歴史の与える苦悩である」[*9]。

したがって、生物的見解に対する第一の批判は、シュペングラーには当てはまらない。

最大の論点となるのは、生物的見解に対する第二の批判が、シュペングラーにも妥当するか否かである。シュペングラーの歴史哲学は、文化を自然のように生成されるものとみなし、人間による建設や創造といった自由意志による作為の余地を見出さないというものだったのであろうか。

確かに、文化の没落は不可避であるという運命論は、一般的に、人間による建設行為や創造行為の余地を否定する悲観論と解される。実際、それが、シュペングラーの『西洋の没落』の標準的な解釈というものであろう。

しかし、我々のこれまでの議論は、この標準的なシュペングラー解釈を転倒させるものである。

すなわち、シュペングラーは、人間の自由意志による文化の建設や創造といった行為を否定して運命論を説いたのではない。その逆に、人間による自由な行為こそが、没落の運命を招き寄せると論じたのである。

シュペングラーの歴史観によれば、人間の自由は、都市の発生によって、土地の束縛から解放された都市生活に起源をもつ。都市生活における土地からの自由は、現存在から乖離した覚醒存在の自由な活動を可能にする。しかし、現存在と覚醒存在が分離することが文化の没落を招く。つまり、没落は、自由な活動の必然的な帰結なのである。

とりわけ、西洋文化のファウスト的魂は、建設や創造といった行為を飽くことなく追求する。ファウストが言ったように「行為がすべて」なのである。その建設や創造といったファウスト的な行為は、『ファウスト』の物語が象徴するように、決して満たされることがなく、破滅に至るまで続けられる。こうした際限のないファウスト的行為が、ファウスト的な西洋文化を必然的に没落させるのである。その具体的な過程については、これまで本書の中で、多岐にわたって詳しく論じてきた通りである。

人間は自由意志によって行為する存在である。特に、西洋のファウスト的人間は、行為を最高の価値に掲げ、建設や創造に際限なく邁進する。その自由な創造行為こそが、西洋の没落という運命を招き寄せる。シュペングラーは、そう論じていたのである。

高山は、このシュペングラーの運命論の本質を完全につかみ損ねていた。

## 高山岩男の思想戦

シュペングラーの『西洋の没落』も高山の『世界史の哲学』も、世界大戦を背景にしているという点において共通していた。ただし、世界大戦という事件に対する両者の姿勢は、似て非なるものであった。この両者の異同は、我々日本人にとって重要な意味をもつように思われる。

シュペングラーは、近づきつつあった第一次世界大戦を単なる偶発的な事実ではなく、「歴史の一転換期の型」であり、「数百年以前から予定されていた」[*10]ものであると観ていた。それは、西洋の没落へと向かう転換である。彼は、自らの歴史的懐疑主義（歴史的比較形態学）をも、西洋の没落の一現象として位置づけている。

高山もまた、第二次世界大戦に直面して、これを「世界史の転換」として受け止めた。この大戦は、ヨーロッパ中心の一元論的世界史学から、自らが提唱する多元論的世界史学への転換を要求するものであると観たのである。この点において、高山の認識と姿勢は、シュペングラーに酷似している。

ただし、両者には、大きな違いもあった。

シュペングラーは、第一次世界大戦の結果如何にかかわらず、西洋は没落していくのであり、そして、歴史的比較形態学は、その没落する西洋の産物であると考えていた。

これに対して高山は、多元論的世界史学は、没落する西洋においてではなく、新たな世界秩序の建設を主導する日本において成立すると信じていた。

世界史は即ちヨーロッパ世界史である、ヨーロッパ世界史以外に世界史なし、このような観念の破れつつあるのが、まさしく現代の世界史的事実に外ならない。そしてこの世界史の転換に最も重大な役割を演じているのが我が日本である。ヨーロッパ的な近代世界史の旧秩序をどこまでも保持しようとする国際連盟よりの脱退は、この転換に大きな時期を画した世界史的事件であった。これが満洲事変と支那事変とを連結すると共に、ドイツとイタリアの国際連盟よりの脱退を喚起し、近代世界史の秩序保持に大きな動揺をもたらし、遂に今次のヨーロッパ大戦の勃発となるに至った。と共に、支那事変の背景に活躍して、あくまで近代的旧秩序を維持しようと努めたアメリカ・イギリスに対する我が国の宣戦によって、この世界史の転換は極めて理路整然たる決定的段階に入ったのである。今日に於て世界史転換の主導的な役割を演じているものは、実に我が日本である。それ故、新たな世界史学の立場に立ち得る者は、近代世界史の秩序に与みする者ではなく、却って近代世界史の秩序の崩壊を認識し得る者である。そしてこれが特に我が国に於て強く達せられ得る筈であることは、近代世界史が本来的にヨーロッパ世界史であり、その現代世界史への転換に主導的役割をなしつつあるものが日本であることより当然であって、ここに我が国の史学界に却って新たな世界史学の生誕しなければならぬ世界史的根拠が存すると考えられるのである。[*11]

ヨーロッパ中心の一元論的世界史学は、ヨーロッパ中心の近代的世界秩序が崩壊することで失効する。ヨーロッパ中心の世界秩序に代えて新たに成立するのは、ヨーロッパと非ヨーロッパが対等に立つ多元的な世界秩序である。新たな多元的世界秩序の建設を主導するのが、大東亜戦争における日本の使命である。ゆえに、新たな多元的世界秩序にふさわしい多元論的世界史学もまた、日本において誕生する。要するに、多元論的世界史学の成立は、第二次世界大戦における日本の勝利を予定したものであったのである。

しかし、これでは、日本が戦争に敗北し、新たな世界秩序の樹立に失敗したら、多元論的世界史学の成立も失敗ということになりかねない。実際、日本は敗北し、戦後の世界、少なくとも日本が帰属した西側世界は、アメリカ中心の秩序となった。しかし、アメリカ中心の世界秩序の下でも、多元論的世界史観をもつこと自体は可能であろう。多元論的世界史学を樹立するためには、アメリカ中心の世界秩序を破壊しなければならないというわけでもあるまい。

高山は、敗戦直後、学生たちに対して、「賢い人たちはみなデモクラシーやソーシアリズムに転じたが、愚かな自分は戦争中に言ったりしたりしたのをあらためるべきことはなにもない」と述べたという。また、一九七一年においても、「僕は『世界史の哲学』を今読んでみても、一文字の訂正も必要ありません」と学生に語っていたという。[*12] 高山の多元論的な世界史の哲学は、日本の敗戦でも揺るがなかったのである。

しかし、そのことは裏を返せば、『世界史の哲学』において、世界史学の転換の根拠を、日本による世界秩序の転換に置いたことは誤りであったということになる。

私は、高山の知的誠実さに疑いの余地はないと思う。まして、高山が大東亜戦争を哲学的に正当化し、国を誤った方向へと導いたなどという、いかにも戦後日本的な批判に与するつもりは毛頭ない。

とは言え、戦前・戦中の高山が、自らの多元論的な世界史の哲学の意義を、日本の軍事的・

政治的勝利によって根拠づけようとしたことに彼の知的な弱点があったことは、指摘せざるを得ない。

また、高山は、新たな多元論的な世界史学は、没落する旧世界のヨーロッパではなく、多元的な新世界秩序の成立を主導する日本から誕生すると宣言していた。しかし、その多元論的な世界史学は、すでに三十年前に、ほかならぬ没落するヨーロッパにおいて、シュペングラーが確立していたのである。もし高山が『西洋の没落』を正確に理解していたならば、大東亜戦争に「我が国の史学界に却って新たな世界史学の生誕しなければならぬ世界史的根拠が存する」とは宣言できなかったはずである。

## レーヴィットの日本批判

シュペングラーと高山は、同じように多元論的な世界史学を提唱した。そして、二人とも、多元論的世界史学の成立を、西洋の没落と関連付けて考えていた。

それにもかかわらず、両者の間には決定的な違いがある。

高山にとって、西洋の没落は、ヨーロッパ中心の一元論的世界史学の失効を意味していた。そして多元論的世界史学の誕生は、没落する西洋ではなく、その西洋に勝利する日本においてでなければならないと考えていた。

これに対して、シュペングラーは、歴史的懐疑主義の多元論は、没落する西洋から生まれるものであると論じた。ただし、その歴史的懐疑主義は、没落する西洋の病理として現れるのではない。シュペングラーは、歴史的比較形態学を「最高の意味における歴史を探究する真に西洋的な方法」と呼んだように、それを積極的に捉えていた。歴史的懐疑主義は、むしろ西洋の偉大さの証だったのである。

このシュペングラーと高山の違いはどういう意味をもつのか。それを理解する上での一助となると思われるのが、高山と同時代の哲学者カール・レーヴィットが論文「ヨーロッパのニヒリズム」に寄せた「日本の読者に寄せる後記」である。ユダヤ人の血を引くレーヴィットは一九三四年からナチス政権による迫害を逃れて国外へと脱出し、一九三六年から真珠湾攻撃の直前まで日本に滞在していた。

そのレーヴィットが「ヨーロッパのニヒリズム」を書いたのは、高山の『世界史の哲学』が発表されたのとほぼ同時期の一九四〇年である。この論文になぜ、日本の読者に宛てた後記が必要だったのか。それは、彼が「ヨーロッパのニヒリズム」で展開した議論が、日本人の西洋の拒絶と国粋主義を助長するのを恐れたためであった。その「後記」は、ヨーロッパの精神の擁護とともに、日本人に対する手厳しい批判を伴うものであった。

レーヴィットは言う。「前世紀の後半に日本がわれわれと接触し、われわれの『進歩』を賛嘆に価する努力と熱に浮かされたような速さで受け取った時、われわれの文化は、外面的には前進し、全ヨーロッパを征服していったとしても、すでに衰退しつつあった[*13]」。

十九世紀後半の西洋は、シュペングラーの用語で言えば、成熟から没落へと向かう「文明」の後半期にさしかかっていた。しかも、ヨーロッパ人たちは、そのことを自覚しつつあり、進歩の理念を疑い始めていた。

西洋を範として明治日本が目指した文明開化の「文明」とは、まさにシュペングラーの言う意味における「文明」だったのである。それは、没落へと向かう老いた西洋の姿である。ヨーロッパ人はこの没落が解決し得ない問題であることを認識しつつあった。ところが、「ボードレールからニーチェに至るわれわれの最良の精神の持ち主たちが、ヨーロッパ人として自分自身とヨーロッパを見通していたがゆえに、恐怖を感じていたもののすべてを、日本人はまず素朴に無批判に受け取った[*14]」のである。

日本人は衰退する西洋文明を無批判に受け入れたが、ヨーロッパの精神は自らの文明を鋭く批判していた。したがって、ヨーロッパは、表面上は衰退しつつあるが、その精神は健在であるとレーヴィットは断言する。

ヨーロッパの精神はとりわけ批判の精神である。この精神は、区別することを、比較することを、決定することを心得ている。批判は純粋に否定的なものであるように思われるものの、しかし、批判は自らの中で否定の肯定的な力を有しており、この力は、継承されたもの、また現存するものを動の中に保持し、それをさらに発展、促進させるのである。（中略）――すべてのものを捉えて問い質し、懐疑して研究するこの判別力、これはヨーロッパの生活の一要素であり、これなくしてはその生活は考えられないのである。

あらゆる他のヨーロッパの特性もこの批判する能力と緊密な関係にある。すなわち、この特性とは、絶え間ない危機を切り抜けて前進してゆくこと、科学的精神、決然たる思考と行動、不快なことでも率直にのべること、帰結の前に立たせたり、その上結論を導きだしたりすること、中でも、自分をずばり区別する個性、これらである。[*15]

ヨーロッパの精神の最良のものは、その執拗に批判する力にある。ヨーロッパの自己批判は、ヨーロッパの精神の弱さではなく、その強さのゆえである。レーヴィットの「ヨーロッパのニヒリズム」は、そのヨーロッパの精神の力強い表現なのである。

同じことは、シュペングラーの『西洋の没落』についても言えるであろう。自己を含むあらゆるものを捉えて問い質し、徹底的に懐疑するヨーロッパの最良の精神がなければ、『西洋の没落』を書くことはできまい。

シュペングラーの『西洋の没落』であれ、レーヴィットの「ヨーロッパのニヒリズム」であれ、その題名とは裏腹に、ヨーロッパ精神の単なる否定ではなく、むしろ否定を通じた肯定だったのである。

ところが、日本人は、こうした題名を字義通りに受け取って、西洋の没落を歓迎し、自意識を慰撫するのではないか。レーヴィットはそれを怖れたのである。というのも、彼の診断によれば、日本人は自己愛的（愛国的）であり、ヨーロッパ人にあるような徹底した批判精神を欠いているからである。

ヨーロッパの精神と対照をなすものは、それゆえ、境界をぼやけさせる気分による生活、人間と自然界との関係における、感情にのみ基礎を置いているがゆえに対立のない統一体、両親と家族と国家における、批判を抜きにした絆、自分を明示せず、あらわにしないこと、論理的帰結の回避、人間との交際における妥協、一般に通用する因襲的遵守、仲介の間接的な組織等である。[*16]

このレーヴィットの日本批判は仮借のないものだが、しかし真実を突いていることは否めない。

高山岩男がヨーロッパ的な批判精神をまるで欠いていたとは必ずしも思わない（愛国的であったのは間違いないが）。しかし、同じ多元論的歴史観を説いていても、高山の議論には、シュペングラー的な自己批判（日本批判）が欠けていたと言わざるを得ない。シュペングラーの多元論的歴史観は、西洋の自己批判という「否定の肯定的な力」の産物であったが、高山のそれは、「西洋の否定による日本の肯定」に過ぎなかったのである。

## 多元論的歴史観と日本の未来

ただし、『世界史の哲学』に自国批判がないと言って責めるのは、いささか酷ではある。高山が、戦争前夜あるいは戦中という、愛国心が異様に高揚する特殊な時代状況にいたという情状を酌量する必要があろう。

もっとも、ヨーロッパ中心の一元論的な歴史観を否定し、多元論的な歴史観を唱える日本人の議論は、戦前・戦中のみならず、戦後においても散見される。果たしてその中に、徹底した批判精神を伴うようなものはあるのだろうか。

例えば、梅棹忠夫が一九五七年に発表した有名な「文明の生態史観」は、アーノルド・J・トインビーの循環史観に触発されつつ、生態学の発想を応用して、共同体の生活様式の並行的な遷移を説いたものである。それは、一見、シュペングラーの歴史的比較形態学を連想させる。

しかし、そこには、日本文明の没落を予感させるような内容は、一切含まれていない。それどころか、梅棹の「文明の生態史観」には、戦争に負けた日本が、これからは先進国の技術を導入して豊かさの実現へと向かうだろうという楽観的な含意があった。[*17] もっとも、晩年の梅棹は、周囲に「日本文明は終わりかもしれへん」「二十一世紀の中頃には日本はだめになるやろうな」と語っていたようではあるが。[*18]

一九九二年に発表された村上泰亮の『反古典の政治経済学』も、冷戦終結という歴史的転換を背景にして、「十九世紀以来の一元的な史観から多元的な史観に進むべき時期にさしかかっているのではないか」[*19] と論じている。「一元的な史観」とは、いわゆる進歩史観のことであるが、この村上の問題意識は、半世紀前の高山とほとんど同じである。

同書の中で村上は、予備的考察として、哲学的な思考様式を「超越論的」と「解釈学的」の二つに分けている。

「超越論的」な認識とは、「法則認識」と言い換えられる。これは、個別の諸事象に共通に見られる法則性を認識しようとする思考様式である。自然科学は、その典型であろう。シュペングラーの言う因果法則の理念は、村上の用語で言えば超越論的ということになる。一元論的な進歩史観の基礎にあるものもまた、この超越論的な思考様式である。すなわち、各文化の個性を超越した一元論的な基準を設定し、その一律の基準に基づいて、各文化の優劣を判定するのである。

これに対して「解釈学的」な認識とは、他者やその作品、あるいは過去の自分を「追体験」するという思考様式である。この解釈学の哲学者として、村上は真っ先にディルタイの名を挙げているが、ディルタイとシュペングラーの共通性については前章で明らかにした通りである。

多元論的歴史観を支えるのは、この解釈学的な思考様式であると村上は強調している。解釈学的な思考は、他の文化を追体験することで、その文化の個性を理解しようとするので、世界はそれぞれの個性をもった文化によって多元的に構成されていることが分かるのである。この解釈学的な歴史認識は、シュペングラーの歴史的比較形態学に非常に近い。

村上は、この解釈学的な姿勢こそが、現代の世界を破局から救うのに最も必要であるという展望を示している。この点に関しては、歴史的比較形態学によって、西洋の没落を予言したシュペングラーとは大いに異なる。

だが、ここで問題にしたいのは、村上が、この解釈学的な姿勢を日本文化の特性と評価していることである。

村上は言う。日本人の思考は曖昧であると言われるが、それは解釈学的な思考であるからだ。日本人の思考の曖昧さを批判するのは、超越論的な見方からの偏見に過ぎない。日本の歴史的な経験もまた、日本文化の解釈学的な特性を顕著に示している。「たとえば、七世紀からの中国文明の受容、十六世紀の西欧の進出への対応、十九世紀のヨーロッパ的近代への適応、そして第二次大戦に敗北して後のアメリカ文化の受容、これらはいずれも他文明の『解釈』を通じて行われた日本社会の自己変革である[*20]」。

しかし、レーヴィットに言わせれば、日本の「十九世紀のヨーロッパ的近代への適応」は表面的なものにとどまっており、ヨーロッパの批判精神を「追体験」つまり「解釈」などしていないということになる。村上は、日本人の思考の曖昧性は「解釈学的」思考の特性だと評しているが、そのような評価はレーヴィットには我慢がならなかったであろう。ヨーロッパの批判精神は日本人の曖昧な思考とは対照的なものであるが、そもそも、解釈学も多元論的歴史観も、そのヨーロッパの徹底した批判精神から生まれているのだ。

村上は、解釈学的姿勢が多元論的歴史観を可能にし、今後の世界を導く指針となるであろうという展望を示した。そして、日本人の思考の特性は、歴史的に解釈学的であったと力説した。いかにも、二十一世紀の新たな世界秩序を支える思想を主導する資格が日本にはあると言わんばかりである。これもまた、日本人の自己愛的な精神の表れなのであろうか。

高山岩男、梅棹忠夫、村上泰亮は、いずれも多元的論的歴史観を提唱したという点では、シュペングラーと共通する。しかし、三人とも、西洋中心の一元論的な歴史観の否定を通じて、日本の独自性を際立たせようとしたに止まり、いずれもシュペングラーのような自己批判の精神を欠いていた。自己批判どころか、特に高山と村上は、新たな時代の歴史観や思想への転換を主導するのは、西洋ではなく日本であると自負していたのである。

しかし、彼らの期待と気負いにもかかわらず、現在の日本は、シュペングラーが予言した西洋の没落とほぼ同じ現象に襲われている。経済成長の鈍化、グローバリゼーション、世界都市化、少子化、大衆煽動政治、リベラリズムの破綻、環境破壊、機械による人間の支配、金融支配等々、いずれからも日本は逃れられていない。

どうやら日本は、村上の言う「十九世紀のヨーロッパ的近代への適応、そして第二次大戦に敗北して後のアメリカ文化の受容」の果てに、西洋の没落の運命に巻き込まれてしまったようである。

『西洋の没落』が世に問われてから百年。明治維新による西洋文明化から百五十年。いよいよ、我々日本人も、没落の運命を受け入れざるを得ない時が来たようだ。

ただし、それは、悲観や諦念に陥るということではない。シュペングラーのように、徹底して懐疑し、執拗に批判する能力と精神力を身につけるということである。あるいは、彼の助言に従って、「抒情詩よりも工業に、絵画よりも海事に、認識批評よりも政治に身を投ずる」のもよいであろう。

いずれにしても、この没落する世界を生き抜こうというのであるなら、我々日本人は、シュペングラーのような強さを我がものとしなければならないのである。

最後に、あの言葉をもう一度掲げて、この奇矯な書の結びとしよう。

われわれは、この時代に生まれたのであり、そしてわれわれに定められているこの終局への道を勇敢に歩まなければならない。これ以外に道はない。希望がなくても、救いがなくても、絶望的な持ち場で頑張り通すのが義務なのだ。

＊1―高山岩男『世界史の哲学』こぶし文庫、二〇〇一年、一五頁。
＊2―高山（2001: p.88）
＊3―高山（2001: p.12）
＊4―高山（2001: pp.59-86）
＊5―シュペングラーII（1989: pp.155-90）
＊6―R. G. Collingwood, *The Idea of History*, Revised Edition, Oxford University Press, 1994, p.183.
アントン・ミルコ・コクターネク『シュペングラー――ドイツ精神の光と闇』新潮社、一九七二年、一二一頁。ただし、コクターネクによれば、シュペングラーは、一九二四年以降は、文化の非連続性という考えを放棄した。コクターネク（1972: pp.285-6）

＊7―オズヴァルト・シュペングラー『運命・歴史・政治』理想社、一九六七年、七一頁。
＊8―シュペングラー（1967: p.71）
＊9―シュペングラー（1967: p.13）
＊10―シュペングラーI（1989: p.55）
＊11―高山（2001: pp.87-8）
＊12―高山（2001: p.494）
＊13―カール・レーヴィット『ある反時代的考察――人間・世界・歴史を見つめて』法政大学出版局、一九九二年、一一二頁。
＊14―レーヴィット（1992: p.122）
＊15―レーヴィット（1992: pp.127-8）
＊16―レーヴィット（1992: p.128）
＊17―梅棹忠夫『文明の生態史観』中公文庫、一九七四年。
＊18―東谷暁『予言者　梅棹忠夫』文春新書、二〇一六年、二四四頁。
＊19―村上泰亮『反古典の政治経済学（上）進歩史観の黄昏』中央公論社、一九九二年、二五五頁。
＊20―村上泰亮『反古典の政治経済学（下）二十一世紀への序説』中央公論社、一九九二年、五二六頁。

## 著者略歴

### 中野剛志《なかのたけし》

一九七一年、神奈川県生まれ。評論家。

元・京都大学大学院工学研究科准教授。専門は政治経済思想。九六年、東京大学教養学部（国際関係論）卒業後、通商産業省（現・経済産業省）に入省。二〇〇〇年よりエディンバラ大学大学院に留学し、政治思想を専攻。〇一年に同大学院より優等修士号、〇五年に博士号を取得。

論文"Theorising Economic Nationalism"(Nations and Nationalism)でNations and Nationalism Prize を受賞。

主な著書に『日本思想史新論』（ちくま新書、山本七平賞奨励賞受賞）、『TPP亡国論』（集英社新書）、『官僚の反逆』（幻冬舎新書）などがある。

幻冬舎新書 501

# 日本の没落

二〇一八年五月三十日 第一刷発行

著者 中野剛志
発行人 見城 徹
編集人 志儀保博
発行所 株式会社 幻冬舎
〒一五一-〇〇五一 東京都渋谷区千駄ヶ谷四-九-七
電話 〇三-五四一一-六二一一(編集)
〇三-五四一一-六二二二(営業)
振替 〇〇一二〇-八-七六七六四三
ブックデザイン 鈴木成一デザイン室
印刷・製本所 中央精版印刷株式会社

GENTOSHA


Printed in Japan ISBN978-4-344-98502-5 C0295
な-14-2
幻冬舎ホームページアドレス http://www.gentosha.co.jp/
*この本に関するご意見・ご感想をメールでお寄せいただく場合は、comment@gentosha.co.jpまで。

幻冬舎新書

中野剛志
## 官僚の反逆

政治家や利害関係者と粘り強く調整するのが、本来、官僚の役割であるが、昨今の「改革派官僚」の言動は日本の国力低下を招くばかり。気鋭の論客が、日本を蝕む官僚制の病理に警鐘を鳴らす。

丸山俊一＋ＮＨＫ「欲望の民主主義」制作班
## 欲望の民主主義
分断を越える哲学

世界中で民主主義が劣化している。今、世界の知性たちは何を考えるのか――？　若き天才哲学者、マルクス・ガブリエルら六人が考察する政治変動の深層。世界の現実を知る必読書。

佐伯啓思
## 自由と民主主義をもうやめる

日本が直面する危機は、自由と民主主義を至上価値とする進歩主義＝アメリカニズムの帰結だ。食い止めるには封印されてきた日本的価値を取り戻すしかない。真の保守思想家が語る日本の針路。

小林よしのり　宮台真司　東浩紀
## 戦争する国の道徳
安保・沖縄・福島

日本は戦争する国になった。これは怒ることを忘れ、日米安保に甘えた国民の責任だ。しかし、今度こそ怒りつづけねばならない。日本を代表する論客三人が共闘することを誓った一冊。